Pour comprendre les MATHS

NOUVEAUTÉ 2018

CE1
CYCLE 2

Ce livre appartient à

....

....

N. Bramand
Professeur des écoles

P. Bramand
Professeur agrégé

É. Lafont
Professeur des écoles

C. Maurin
Formateur en mathématiques

D. Peynichou
Maître formateur

A. Vargas
Directeur d'école

hachette
ÉDUCATION

Mode d'emploi

Un encadré pour l'enseignant (compétences, calcul mental, activité manipulatoire, question d'oral pour travailler les prérequis, réinvestissement, renvoi aux photofiches de différenciation).

Découvrons
Cette activité collective de découverte est un prolongement écrit de l'activité préparatoire manipulatoire présentée dans le guide pédagogique.

Mémo
Renvoi page 5.

Je m'entraîne
Mise en pratique individuelle et progressive des apprentissages abordés dans l'activité de découverte.

Exercice de réinvestissement
Exercice indépendant de la leçon permettant de consolider des acquis.

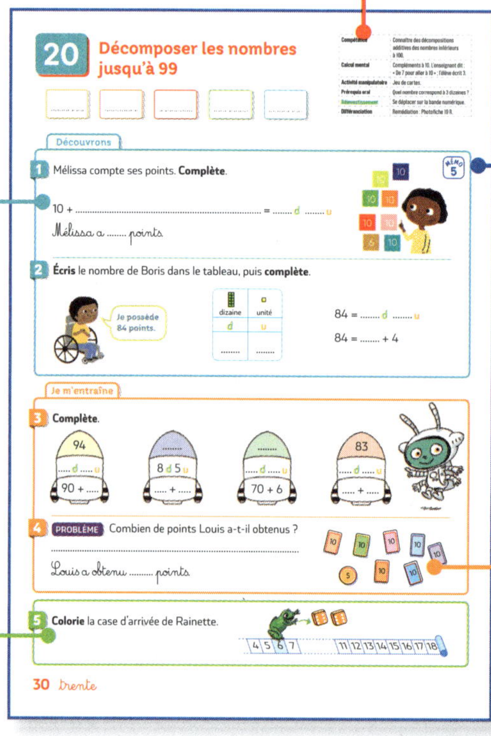

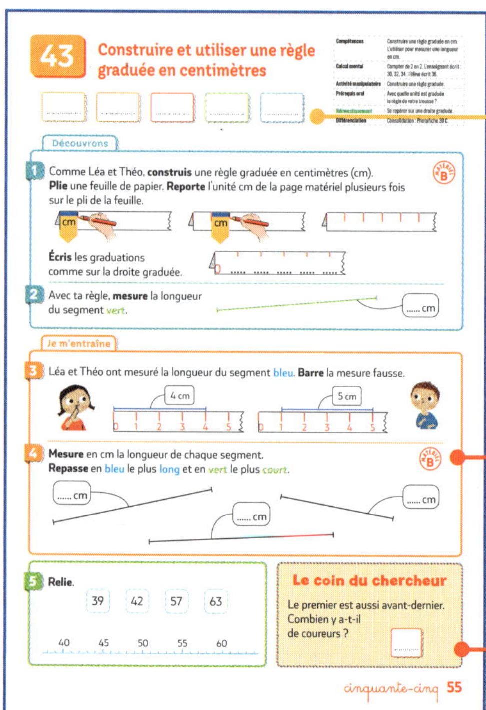

Cases réponses du calcul mental
L'élève écrit ici les réponses à cinq items de calcul mental parmi les 10 items fournis dans le guide pédagogique.

Pour faciliter les tracés, certaines leçons **Espace et géométrie** **Grandeurs et mesures** sont au format « paysage ».

Matériel
Renvoi page B.

Le coin du chercheur
Problème ludique entrant dans le cadre des problèmes pour apprendre à chercher.

Problèmes

Les élèves mettent en œuvre les acquis de la demi-période en résolvant des problèmes. Ceux-ci leur permettent de raisonner, d'argumenter, de pratiquer une démarche de résolution et d'exprimer un résultat, une solution par une phrase correctement rédigée.

Je fais le point

À chaque demi-période, une double-page pour évaluer les acquis des élèves.

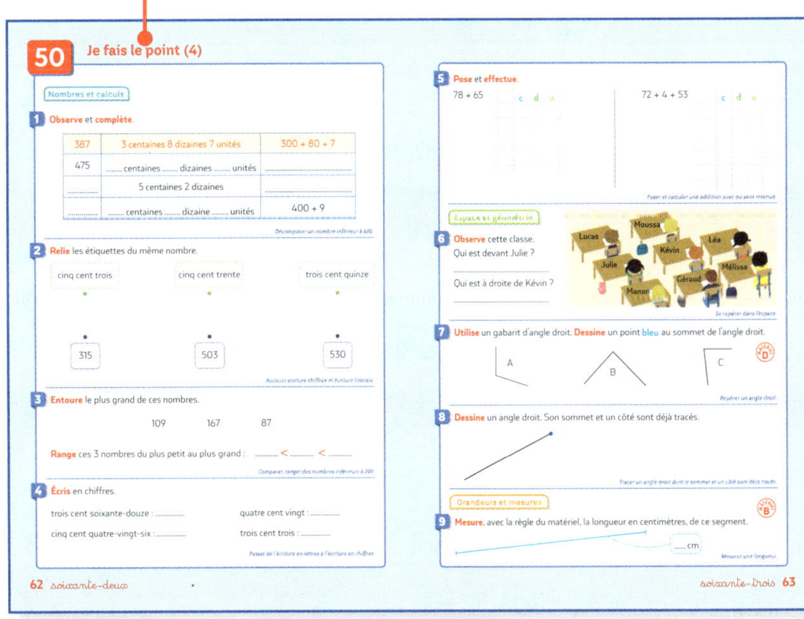

Maths Aventures

La résolution de ces situations à thème nécessite la mobilisation des connaissances acquises durant la période. Le coloriage d'une médaille en fin d'activité renforce son aspect ludique.

Pages matériel

Situées en fin d'ouvrage, elles contiennent du matériel à découper (monnaie, horloge, règles, gabarits d'angle, dizaines et unités…) pour faciliter la mise en œuvre des leçons (phase de manipulation).

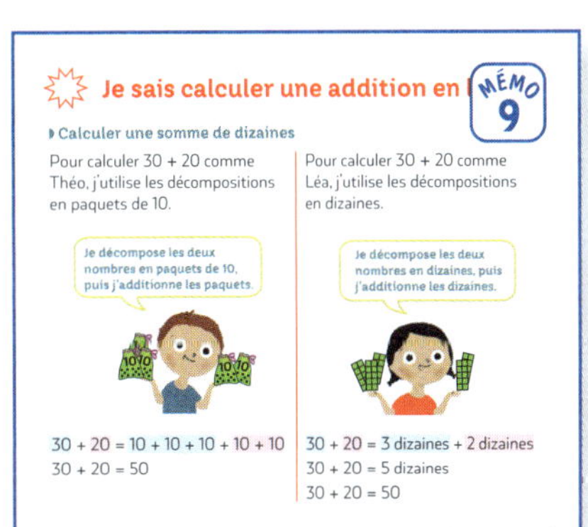

MÉMO

Pour l'élève, un livret indépendant pour retrouver l'essentiel à retenir.

Sommaire

Nombres et calculs — Espace et géométrie — Grandeurs et mesures

Liaison CP-CE1

Période 1

Période 2

Période 3

Période 4

Période 5

Sommaire par domaines mathématiques

Nombres et calculs

Espace et géométrie

Grandeurs et mesures

Bienvenue au CE1

Au parc d'attractions

1. Combien de boules comptes-tu sur la guirlande ?

Il y a .... boules sur la guirlande.

2. Complète les numéros des wagons.

3. Combien vont payer ce papa et son fils ?

Ils vont payer .... €.

4. Quelle heure est-il ?

Il est ...... h.

5. Range les nombres de points du plus petit au plus grand.

...... ; ...... ; ......

6. Colorie les triangles en rouge, les rectangles en bleu et les carrés en vert.

7. Écris en chiffres le nombre de points de Simon. ....

1 Lire, écrire, décomposer les nombres jusqu'à 29

Compétences	Lire, écrire, décomposer les nombres inférieurs à 30. Connaître l'ordre des nombres sur la bande numérique.
Calcul mental	Écrire le suivant (nombres ≤ 20). L'enseignant dit : « 5 » ; l'élève écrit 6.
Activité manipulatoire	Le jeu des étiquettes.
Prérequis oral	Comptez jusqu'à 30.
Réinvestissement	Se déplacer sur la bande numérique.
Différenciation	Remédiation : Photofiche 1 R.

....

Découvrons

1 **Complète** les cases de la bande numérique.
Colorie les cases de la couleur de leur étiquette.

MÉMO 1

quinze — vingt — dix-huit — seize — vingt-trois

....	15	....	....	....	....	20	....	....	....	....	25

2 Mélissa a 24 jetons. Elle a 10 jetons **rouges**, 10 **bleus** et des **jaunes**.
Combien a-t-elle de jetons **jaunes** ? **Colorie** ses jetons, puis **complète**.

○○○○○○○○○○
○○○○○○○○○○ ○○○○

24 = (10) + (......) + (......)

24 = 20 + ...

Je m'entraîne

3 **Complète**.

....	11	12	....

....	17	18	....

....	23	....	....	26

4 **Complète** le tableau.

12	douze	10 + 2
16	....	....
....	dix-neuf	....
....	....	20 + 5
....	....	10 + 10 + 9

5 **Colorie** la case d'arrivée de Rainette.

2 Comparer, ordonner les nombres jusqu'à 29

Compétences	Comparer, ordonner les nombres inférieurs à 30.
Calcul mental	Écrire le précédent (nombres ⩽ 20). L'enseignant dit : « 5 » ; l'élève écrit 4.
Activité manipulatoire	Qui a le plus de jetons ?
Prérequis oral	Quel nombre vient après douze ?
Réinvestissement	Écrire un nombre en lettres.
Différenciation	Remédiation : Photofiche 2 R.

Découvrons

1 Théo, Léa et Mélissa comptent leur nombre de billes. **Complète.**

MÉMO 1

....

Entoure en **bleu** le plus grand nombre et en **rouge** le plus petit nombre.

Commence par écrire le plus petit nombre.

Range ces nombres du plus petit au plus grand. .... ; .... ; ....

Je m'entraîne

2 **Écris** les nombres de billes.

....

....

....

3 **Écris** les nombres de perles.

....

....

....

Range-les du plus petit au plus grand. .... ; .... ; ....

4 **Écris** en lettres.

14 : ....

22 : ....

Le coin du chercheur

Place les signes + et = pour écrire une égalité.

 ....  .... 

3 Calcul en ligne :
Ajouter un petit nombre (1)

....

Compétence	Ajouter un petit nombre à un nombre inférieur à 30 par un calcul en ligne.
Calcul mental	Ajouter 1 (nombres < 20). L'enseignant dit : « 5 + 1 » ; l'élève écrit 6.
Activité manipulatoire	Des jetons en plus.
Prérequis oral	Calculez : 9 + 1 ; 12 + 1.
Réinvestissement	Se déplacer sur la bande numérique.
Différenciation	Consolidation : Photofiche 3 C.

Découvrons

1 Mélissa calcule 18 + 4 en utilisant ses doigts. **Complète.**

Je mets 18 dans ma tête et 4 sur mes doigts.
Je compte : 19, 20... J'écris le dernier nombre.

18 + **4** = ...

2 Léa calcule 18 + 4 en utilisant la bande numérique. **Complète.**

Je pars de la case 18 et j'avance de 4 cases.

15	16	17	18	19	20	21	22	23	24

18 + **4** = ...

Je m'entraîne

3 **Calcule.**

Calcule comme Mélissa ou comme Léa.

7 + 4 = ...
8 + 2 = ...

4	5	6	7	8	9	10	11

8 + 5 = ...
9 + 3 = ...

7	8	9	10	11	12	13	14	15

17 + 3 = ...
19 + 4 = ...

16	17	18	19	20	21	22	23	24

4 **PROBLÈME**

Nils a 9 poissons dans son aquarium. Il achète encore 7 poissons.
Combien de poissons a-t-il maintenant ?

....

Maintenant, Nils a .... poissons.

5 **Colorie** la case d'arrivée de Rainette.

4	5	6	7	8	9	10	11	12	13	14	15	16	17	18

4 Calcul en ligne : Retrancher un petit nombre (1)

....

Compétence	Retrancher un petit nombre à un nombre inférieur à 10 par un calcul en ligne.
Calcul mental	Précédent d'un nombre inférieur à 20. L'enseignant dit : « Précédent de 12 » ; l'élève écrit 11.
Activité manipulatoire	Des jetons en moins.
Prérequis oral	Quel nombre vient avant huit ?
Réinvestissement	Ordonner des nombres.
Différenciation	Consolidation : Photofiche 4 C.

Du CP au CE1

Découvrons

1 Mélissa calcule 12 – 5 en utilisant des jetons.

Je dessine **12** jetons et j'en barre **5**.

Complète. **12 – 5** = ...

2 Léa calcule 12 – 5 en utilisant la bande numérique.

1	2	3	4	5	6	7	8	9	10	11	12	13

Je pars de **12** et je recule de **5** cases.

Complète. **12 – 5** = ...

Je m'entraîne

3 **Calcule.**

Calcule comme Mélissa ou comme Léa.

9 – 4 = ...
7 – 3 = ...

1	2	3	4	5	6	7	8	9

15 – 4 = ...
16 – 3 = ...

9	10	11	12	13	14	15	16	17

13 – 6 = ...
12 – 4 = ...

6	7	8	9	10	11	12	13	14

4 **PROBLÈME**

Mila a 8 sucettes. Elle donne 5 sucettes à ses amies.
Combien de sucettes lui reste-t-il ?

....

Il lui reste .... sucettes.

5 **Range** ces nombres du plus petit au plus grand.

14 21 8 24 17

.... ; .... ; .... ; .... ; ....

Le coin du chercheur

Colorie la ficelle qui fait un nœud.

5 Lire, écrire les nombres jusqu'à 69

Compétences	Lire, écrire les nombres inférieurs à 70.
Calcul mental	Ajouter 2 (nombres ≤ 20). L'enseignant dit : « 5 + 2 » ; l'élève écrit 7.
Activité manipulatoire	De la bande au château.
Prérequis oral	Écrivez en chiffres : dix, vingt.
Réinvestissement	Se déplacer sur la bande numérique.
Différenciation	Remédiation : Photofiche 5 R.

Découvrons

1 **Observe** le château des nombres. **Complète** les cases grises, puis **lis** ces nombres. MÉMO 2

	0	1	2	3	4	5	6	7	8	9
dix	10	11	12	13	14	15	....	17	18	19
vingt		21	22	23	....	25	26	27	28	29
....	30	....	32	33	34	....	....	37	38	....
quarante	40	....		43	44	45	46	47	48	49
cinquante	50	51	52	53	54	55	....		....	....
soixante	60	61	62	63	64	65	66	....	....	

Colorie en bleu le nombre qui précède 50. **Colorie** en vert le nombre qui suit 39.

Je m'entraîne

2 **Complète**. Quel nombre est caché par :

 → ....

 → ....

 → ....

 → ....

3 **Complète** selon l'exemple.

37	trente-sept
....	quarante-cinq

....	cinquante-trois
58	....

4 **Colorie** la case d'arrivée de Rainette.

6 Tracer et prolonger un segment

Compétences	Utiliser la règle pour tracer et prolonger un segment.
Calcul mental	Retrancher 2 (nombres ⩽ 20). L'enseignant dit : « 5 – 2 » ; l'élève écrit 3.
Activité manipulatoire	Le rayon laser.
Prérequis oral	À quoi sert une règle ?
Différenciation	Remédiation : Photofiche 6 R.

Du CP au CE1

Découvrons

1 **Relie** les points à la règle pour obtenir ce bateau.

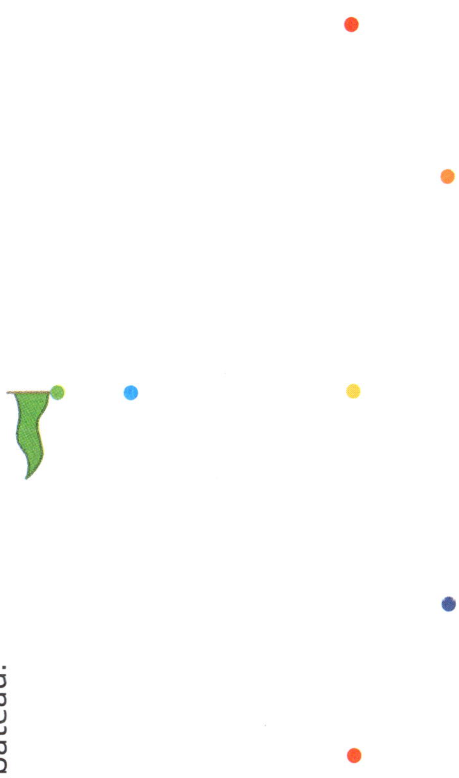

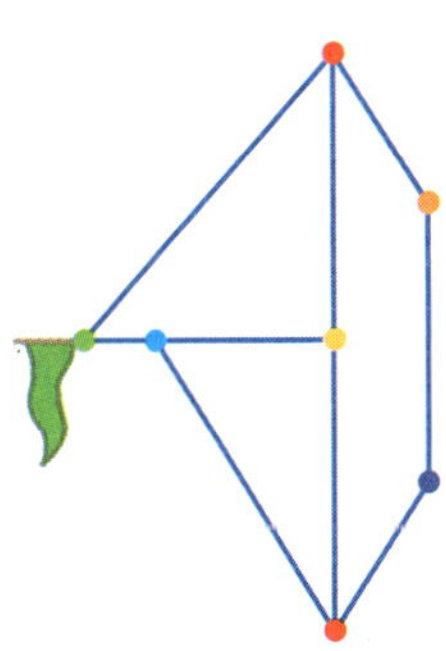

Prolonge en bleu le segment du bas qui représentera la mer.

Je m'entraîne

2 **Relie** les points à la règle pour obtenir ce cerf-volant.

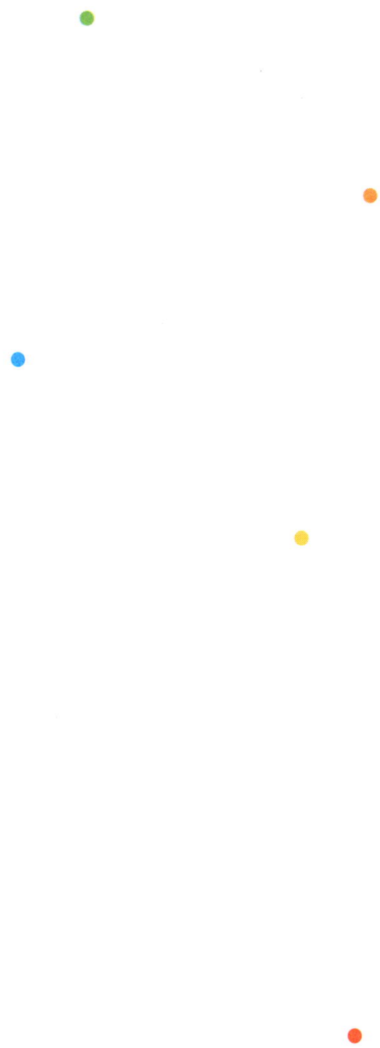

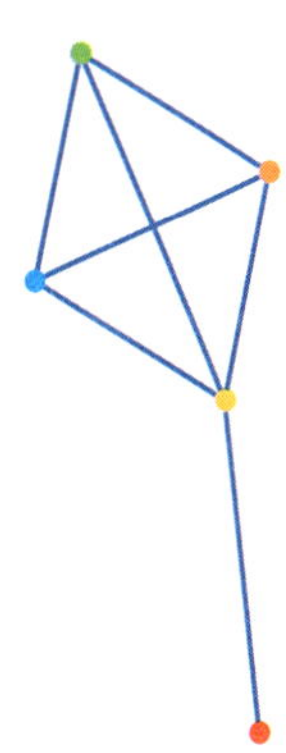

Prolonge la queue du cerf-volant.

7 Connaître dizaines et unités

....	....	....	....	....

Compétences	Coder et décoder un nombre de deux chiffres.
Calcul mental	Ajouter un petit nombre (sommes < 10). L'enseignant dit : « 5 + 3 » ; l'élève écrit 8.
Activité manipulatoire	Jeux de jetons.
Prérequis oral	Comment appelle-t-on un paquet de dix ?
Réinvestissement	Connaître le précédent et le suivant d'un nombre.
Différenciation	Remédiation : Photofiche 7 R.

Découvrons

Une **dizaine** c'est un paquet de 10.

MÉMO 1

MATÉRIEL A

1 Voici les jetons de Théo. **Entoure** des paquets de 10, puis **complète**.

Je fais des paquets de 10 jetons.

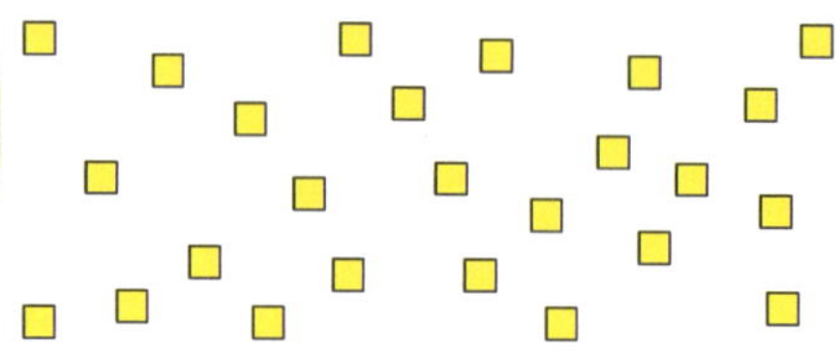

dizaine	unité
....	....

25 = ... dizaines .... unités

2 est le chiffre des .... ; 5 est le chiffre des ....

2 Complète.

Moi, j'ai 2 jetons et 3 paquets de 10 jetons.

dizaine	unité
....	....

Le nombre de jetons est

.... dizaines .... unités.

Léa possède .... jetons.

Je m'entraîne

3 Entoure des paquets de 10 jetons, puis **complète**.

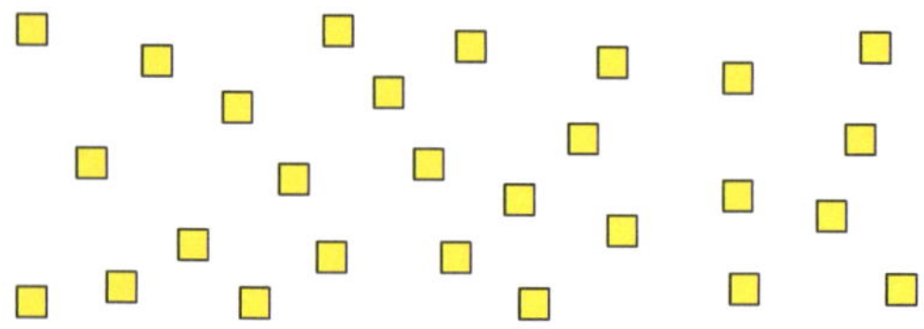

dizaine	unité
....	....

Le nombre de jetons est

.... dizaines .... unités.

Il y a .... jetons.

4 Colorie la bonne étiquette.

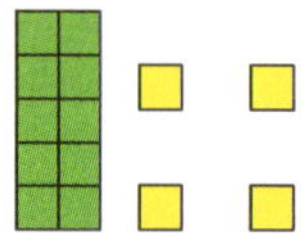

14 | 5

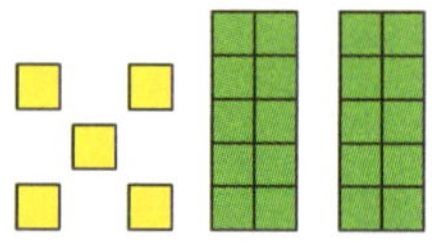

52 | 25

5 Écris le nombre qui précède et celui qui suit.

8 Décomposer les nombres jusqu'à 69

Compétence	Connaître des décompositions additives des nombres inférieurs à 70.
Calcul mental	Ajouter un petit nombre (sommes < 10). L'enseignant dit : « 7 + 2 » ; l'élève écrit 9.
Activité manipulatoire	Échanger des jetons.
Prérequis oral	10 + 10 + 10 cela fait combien de dizaines ?
Réinvestissement	Se déplacer sur la bande numérique.
Différenciation	Remédiation : Photofiche 8 R.

Du CP au CE1

....

Découvrons

Quand il n'y a pas d'unité, n'oublie pas le zéro...

1 Combien de points Mélissa a-t-elle obtenus ? MÉMO 5

10 + ... = ... dizaines

Écris ce nombre dans le tableau.

Mélissa a obtenu .... points.

dizaine	unité
....	....

2 **Écris** le nombre de points de Théo dans le tableau. **Complète**.

Je possède 42 points.

dizaine	unité
....	....

42 = ... dizaines .... unités

42 = 10 + 10 + ... + ... + 2

42 = ... + 2

Je m'entraîne

3 **Complète**.

57 = 5 dizaines 7 unités

57 = 10 + 10 + 10 + 10 +10 + ...

57 = 50 + ...

41 = ... dizaines .... unité

41 = 10 + 10 + ... + ... + ...

41 = ... + ...

4 PROBLÈME Combien de points Boris a-t-il obtenus ?

10 + ... = ... dizaines .... unités

Boris a obtenu .... points.

5 **Colorie** la case d'arrivée de Rainette.

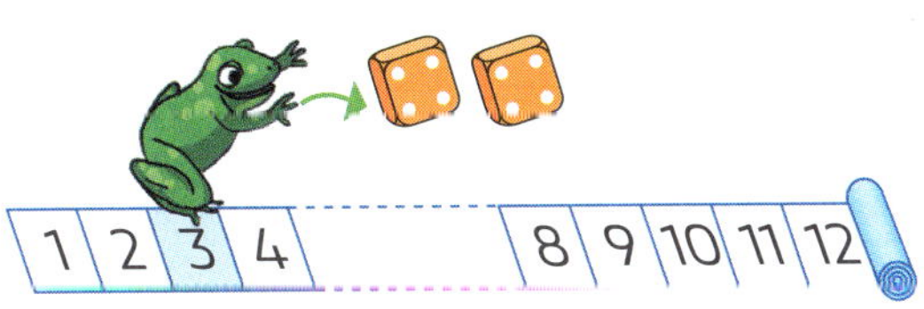

Le coin du chercheur

Combien de points y a-t-il sur la face opposée à cette face du dé ?

....

9 Comparer, ordonner les nombres jusqu'à 69

Compétences	Comparer, ordonner les nombres inférieurs à 70.
Calcul mental	Dictée de nombres (nombres < 60). L'enseignant dit : « 26 » ; l'élève écrit 26.
Activité manipulatoire	Le matériel de numération.
Prérequis oral	Quel est le plus grand nombre : 5 ou 8 ? 9 ou 6 ?
Réinvestissement	Tracer un segment.
Différenciation	Remédiation : Photofiche 9 R.

…………… …………… …………… …………… ……………

Découvrons

MATÉRIEL A — MÉMO 6 — MÉMO 7

1 Théo compare les nombres 42 et 34.
Complète.

42 = 4 d 2 u

42 = 10 + 10 + 10 + 10 + 2

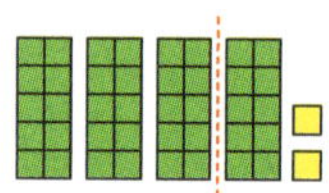

34 = …….. d …….. u

34 = 10 + 10 + …….. + ……..

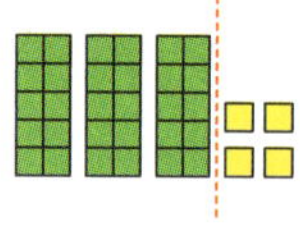

…….. *est plus grand que* ……..

Léa compare les nombres 32 et 36.
Complète.

32 = 30 + ……..

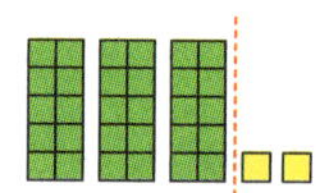

36 = 30 + ……..

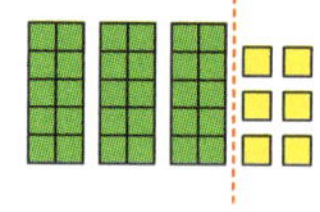

…….. *est plus grand que* ……..

2 **Range** les nombres 42, 34, 32 et 36 du plus petit au plus grand. …….. ; …….. ; …….. ; ……..

Je m'entraîne

3 **Colorie** le plus grand nombre de chaque chenille.

4 **Range** les nombres 56, 47, 53 et 63 du plus petit au plus grand.

5 **Relie** ces trois points avec la règle.

10 Problèmes : Situations additives ou soustractives (1)

Compétence	Calculer la valeur de l'état final dans une transformation additive ou soustractive.
Calcul mental	Calculer de petites différences (nombres < 10). L'enseignant dit : « 5 – 2 » ; l'élève écrit 3.
Activité manipulatoire	Combien de jetons dans la boîte ?
Différenciation	Consolidation : Photofiche 10 C.

Du CP au CE1

....

Pour chaque problème, **calcule** le nombre de jetons que contient la boîte. Puis **complète** la phrase réponse.

1	2	3	4	5	6	7	8	9	10	11	12	13	14	15	16	17	18	19	20	21	22	23	24	25	26	27

1

Au départ, cette boîte contient 9 jetons. Houria en ajoute 5.

....

Maintenant, cette boîte contient .... jetons.

2

Au départ, cette boîte contient 7 jetons. Boris en enlève 4.

....

Maintenant, cette boîte contient .... jetons.

3

Au départ, cette boîte contient 15 jetons. Anouk en ajoute 8.

....

Maintenant, cette boîte contient .... jetons.

4

Au départ, cette boîte contient 10 jetons. Tom en ajoute 5 et moi 6.

....

Maintenant, cette boîte contient .... jetons.

11 Je fais le point (1)

Nombres et calculs

1 **Complète** la bande numérique.

27	28	29	....	....	....	....	....	....	....	....	....	....	....

Connaître la suite des nombres.

2 **Écris** le nombre qui précède et celui qui suit.

.... | 30 | .... | 39 | .... | 51 | .... | 60 | ....

Connaître le précédent, le suivant.

3 **Écris** en chiffres.

douze : ....   vingt : ....   trente-huit : ....

quarante-six : ....   cinquante : ....   soixante-trois : ....

Passer de l'écriture en lettres à l'écriture en chiffres.

4 **Écris** le nombre de jetons.

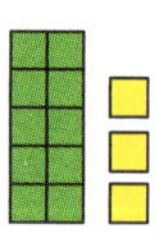

....

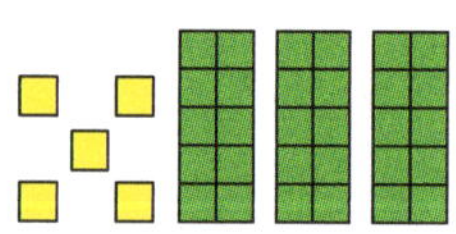

....

....

Connaître dizaines et unités.

5 **Observe** et **complète**.

27	2 dizaines 7 unités	20 + 7
35	.... dizaines .... unités	....
....	5 dizaines 6 unités	....
....	.... dizaines .... unités	40 + 8

Décomposer un nombre.

6 **Colorie** le plus grand nombre de chaque étiquette.

| 31 | 13 | | 49 | 60 |

Comparer deux nombres.

7 **Range** ces nombres du plus grand au plus petit.

24 37 62 39

.... ; .... ; .... ; ....

Ordonner les nombres.

8 **Calcule**.

12 + 4 = ... 18 + 3 = ... 7 – 3 = ... 9 – 4 = ...

Ajouter, retrancher un petit nombre.

9 **PROBLÈME** **Résous** le problème.

Au départ, cette boîte contient 15 jetons.
Réza en ajoute 7.

....

Maintenant, cette boîte contient .... jetons.

Résoudre un problème du champ additif.

Espace et géométrie

10 **Relie** à la règle les points de même couleur.

Tracer un segment.

11 **Prolonge** à la règle les rayons du Soleil jusqu'au bord du cadre.

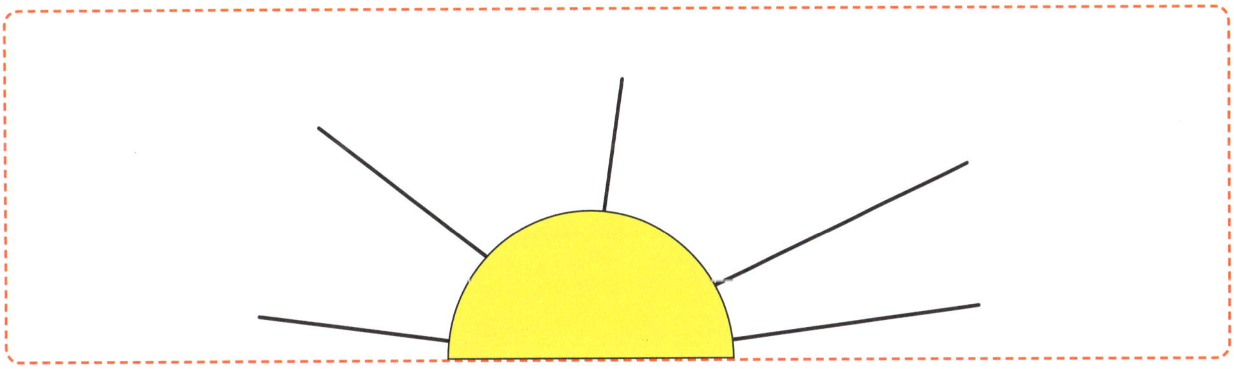

Prolonger un segment.

12 Passer la dizaine : ajouter 1, retrancher 1

....	....	....	....	....

Compétences	Ajouter 1 pour passer à la dizaine supérieure, retrancher 1 à une dizaine.
Calcul mental	Ajouter un petit nombre (sommes ⩽ 20). L'enseignant écrit : 15 + 2 ; l'élève écrit 17.
Activité manipulatoire	Le matériel de numération.
Prérequis oral	Quel est le précédent de 20 ?
Réinvestissement	Écrire un nombre en chiffres.
Différenciation	Remédiation : Photofiche 11 R.

Découvrons

1 Théo calcule 49 + 1. **Complète.**

49 + 1 = 40 + 9 + 1

49 + 1 = 40 + ... = ...

Ajouter 1, c'est trouver le suivant.
Je vérifie avec la bande numérique.

+1

47	48	49	......	51	52	53

2 Léa calcule 60 – 1. **Complète.**

60 – 1 = 50 + 10 – 1

60 – 1 = 50 + ... = ...

Retrancher 1, c'est trouver le précédent.
Je vérifie avec la bande numérique.

-1

56	57	58	......	60	61	62

Je m'entraîne

3 **Calcule** et **complète.**

39 + 1 = 30 + 9 + 1

39 + 1 = 30 + ... = ...

59 + 1 = ...

....

4 **Calcule** et **complète.**

50 – 1 = 40 + 10 – 1

50 – 1 = 40 + ... = ...

40 – 1 = ...

....

5 **Écris** le nombre qui précède et celui qui suit.

6 **Écris** en chiffres.

trente-cinq : ....

quarante-huit : ....

soixante-deux : ....

13 Calculer le complément à la dizaine supérieure

Compétence	Calculer le complément à la dizaine supérieure.
Calcul mental	Retrancher un petit nombre à un nombre inférieur à 20. L'enseignant dit : « 15 – 2 » ; l'élève écrit 13.
Activité manipulatoire	Combien de billes manque-t-il ?
Prérequis oral	Montrer 7 doigts. Combien de doigts sont cachés ?
Réinvestissement	Prolonger un segment.
Différenciation	Remédiation : Photofiche 12 R.

....

Découvrons

1 **Complète** les égalités de Mélissa.

 7 + ... = 10  6 + ... = 10

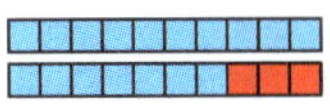 17 + ... = 20 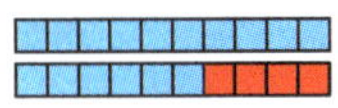 16 + ... = 20

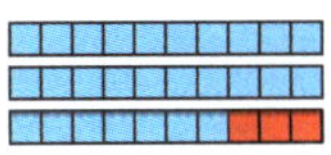 27 + ... = 30 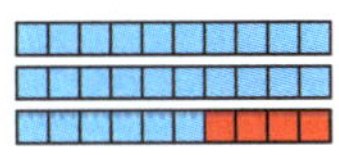 26 + ... = 30

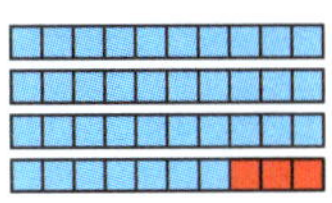 37 + ... = 40 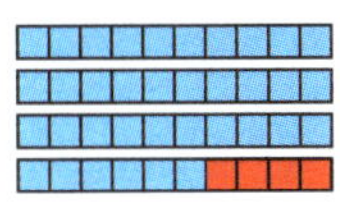 36 + ... = 40

2 Léa a 60 cubes : 57 cubes sont **bleus** et les autres sont **rouges**.

Calcule le nombre de cubes **rouges**.

....

Je m'entraîne

3 **Complète**.

8 + ... = 10 6 + ... = 10 4 + ... = 10

28 + ... = 30 36 + ... = 40 44 + ... = 50

4 **PROBLÈME** **Écris** la somme qui manque à chaque enfant pour acheter le jouet.

Il lui manque .... €.

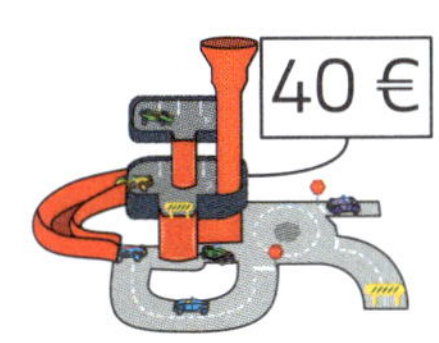

Il lui manque .... €.

5 **Prolonge** le trait jusqu'au bord du cadre.

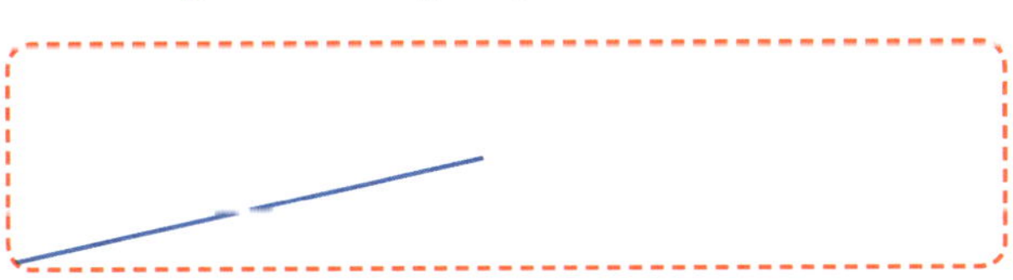

Le coin du chercheur

Entoure deux pavages identiques.

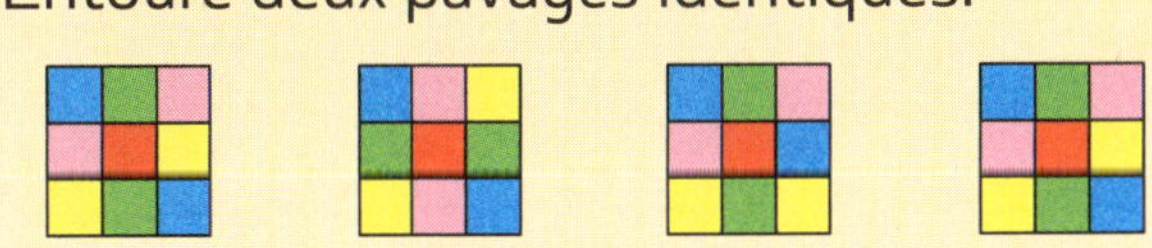

14 Problèmes :
Jeu du chapeau (1)

Compétence	Trouver la valeur de l'état final dans un problème de transformation d'état.
Calcul mental	Ajouter 10. L'enseignant dit : « 34 » ; l'élève écrit 44.
Activité manipulatoire	Jouer avec des jetons.
Différenciation	Consolidation : Photofiche 13 C.

....

À la fin, combien de points obtient-on avec les jetons sous le chapeau ?

= 1 point
= 10 points

1

Quand on soulève le chapeau, on trouve .... jetons verts et .... jetons jaunes.
Donc on obtient .... points.

2

Quand on soulève le chapeau, on trouve .... jeton vert et .... jetons jaunes.
Donc on obtient .... points.

3

Quand on soulève le chapeau, on trouve .... jeton vert et .... jetons jaunes.
Donc on obtient .... points.

15 Reproduire une figure sur quadrillage (1)

Compétence	Reproduire une figure sur quadrillage.
Calcul mental	Dictée de nombres (nombres < 60). L'enseignant dit : « 49 » ; l'élève écrit 49.
Activité manipulatoire	Tracer des obliques sur quadrillage.
Prérequis oral	Pourquoi utilise-t-on un quadrillage pour reproduire un dessin ?
Différenciation	Remédiation : Photofiche 14 R.

Découvrons

1 **Reproduis** le bateau de Théo en t'aidant des zones colorées.

Compte les carreaux dans les zones colorées.

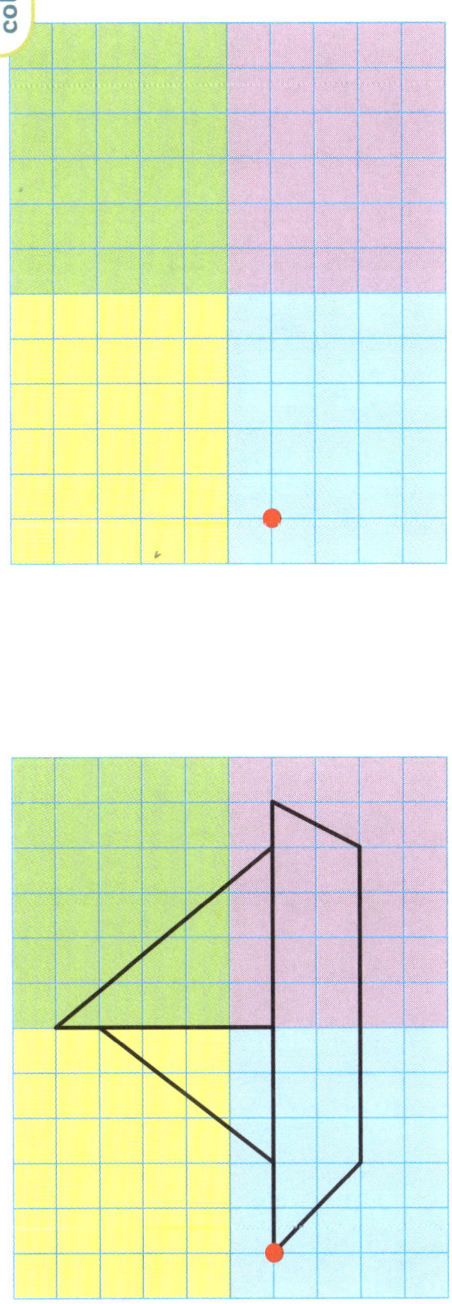

Je m'entraîne

2 **Reproduis** le renard en t'aidant des zones colorées.

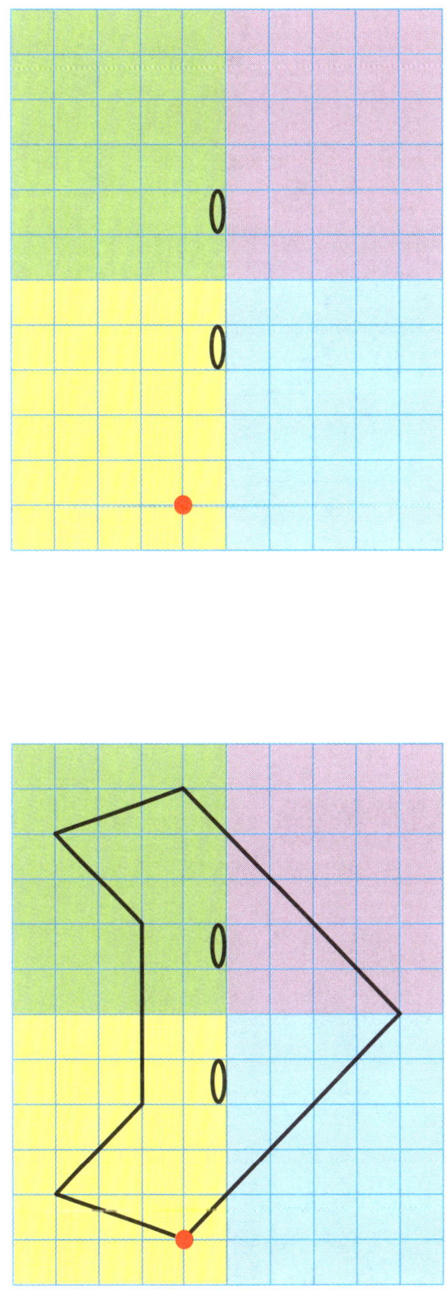

16 Calcul en ligne : Ajouter un petit nombre (2)

Compétence	Ajouter un nombre d'un chiffre à un nombre de deux chiffres.
Calcul mental	Trouver le complément à 10. L'enseignant dit : « 8 » ; l'élève écrit 2.
Activité manipulatoire	Des bandes de dix.
Prérequis oral	La somme 8 + 5 est-elle supérieure à 10 ?
Réinvestissement	Comparer des nombres jusqu'à 69.
Différenciation	Remédiation : Photofiche 15 R.

....

Découvrons

1 Léa et Théo calculent 27 + 8. **Complète.**

Je regarde les unités. La somme 7 + 8 est plus grande que 10. Le résultat dépassera 30.

8

....

27 → 30 → ....

27 + 8 = ...

De 27, je vais d'abord à 30 en ajoutant 3, puis...

Je m'entraîne

2 **Calcule.**

7 : 25 → 30 → ...... (........ ....) 25 + 7 = ...

6 : 38 → 40 → ...... (........ ....) 38 + 6 = ...

8 : 36 → 40 → ...... (........ ....) 36 + 8 = ...

5 : 47 → 50 → ...... (........ ....) 47 + 5 = ...

3 PROBLÈME Mélissa a cueilli 36 jonquilles et 7 marguerites. Combien de fleurs a-t-elle cueillies ?

.... + ... = ...

Mélissa a cueilli .... fleurs.

4 **Colorie** le plus grand nombre de chaque chenille.

17 Calcul en ligne : Retrancher un petit nombre (2)

Compétence	Retrancher un nombre d'un chiffre à un nombre de deux chiffres.
Calcul mental	Dictée de nombres (nombres < 60). L'enseignant dit : « 56 » ; l'élève écrit 56.
Activité manipulatoire	Des bandes de dix.
Prérequis oral	Montrer 10 doigts. Combien de doigts reste-t-il si j'en abaisse 3 ?
Réinvestissement	Ordonner des nombres jusqu'à 69.
Différenciation	Remédiation : Photofiche 16 R.

Découvrons

1 Théo et Léa calculent 34 – 7. **Complète**.

MÉMO 11

Je regarde les unités. 7 est plus grand que 4. Il faut retirer plus de 4 unités, le résultat sera plus petit que 30.

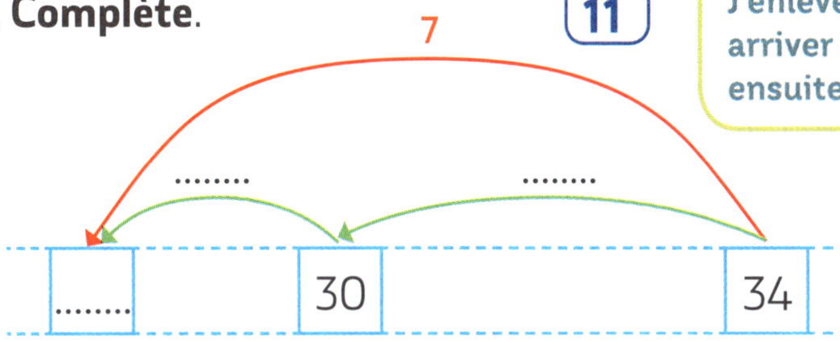

34 – 7 = ...

J'enlève d'abord 4 pour arriver à 30. J'enlève ensuite 3, car 7 = 4 + 3.

Je m'entraîne

2 **Calcule**.

23 – 5 = ...

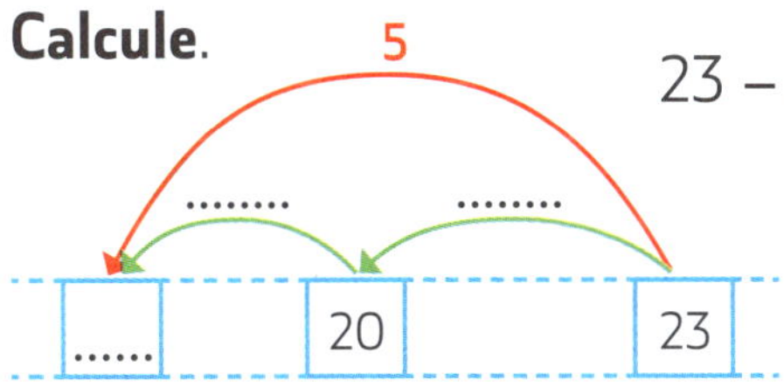

34 – 6 = ...

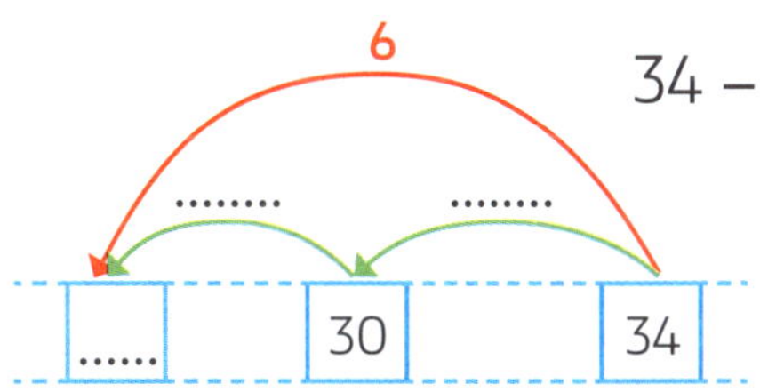

43 – 6 = ...

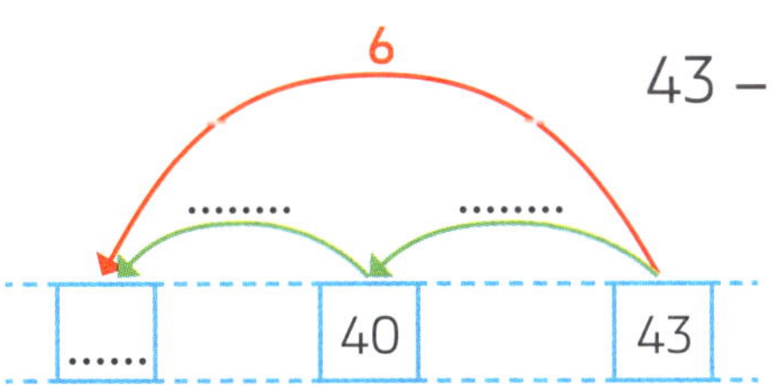

35 – 8 = ...

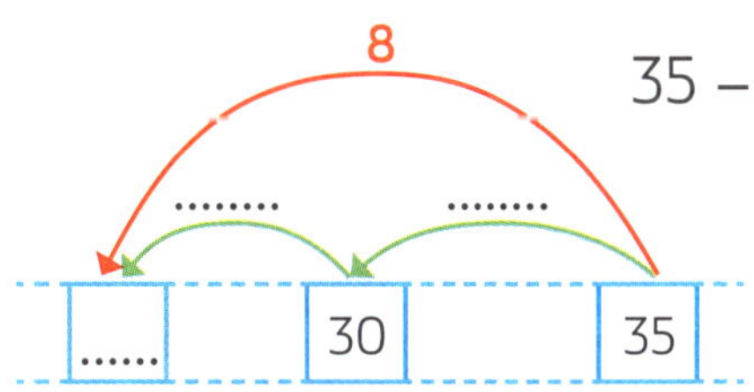

3 PROBLÈME Mélissa a un paquet de 32 caramels. Elle en donne 5 à son amie. Combien de caramels lui reste-t-il ?

.... – .... = ...

Il lui reste .... caramels.

4 **Range** ces nombres du plus petit au plus grand.

.... ; .... ; .... ; ....

Le coin du chercheur

Combien de triangles comptes-tu dans la figure ? ....

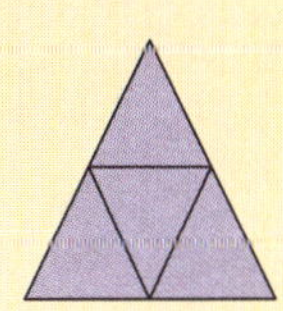

18 Lire, écrire les nombres jusqu'à 99

....	....	....	....	....

Compétences	Lire, écrire les nombres inférieurs à 100.
Calcul mental	Écrire le plus petit des trois nombres (nombres < 60). L'enseignant écrit : 35 ; 28 ; 43 ; l'élève écrit 28.
Activité manipulatoire	De la bande au château.
Prérequis oral	Écrivez en chiffres : trente, quarante.
Réinvestissement	Se déplacer sur la bande numérique.
Différenciation	Consolidation : Photofiche 17 C.

Découvrons

1 **Observe** le château des nombres. **Complète** les cases grises, puis **lis** ces nombres. MÉMO 2 MÉMO 3

cinquante		51	52	....	54	55	56	57	58	59
soixante	60	61	....	63	64	65	66	....	68	
....	....	71	72	73	74	75	....	77	78	79
....	80	81		83	84	85	86	87	....	89
quatre-vingt-dix	90	91	92	93	94	....	96	97	98	

Colorie en bleu le nombre qui précède 90. **Colorie** en vert le nombre qui suit 59.

Je m'entraîne

2 **Complète**. Quel nombre est caché par :

 → ....    → ....    → ....    → ....

3 **Complète** selon l'exemple.

98	quatre-vingt-dix-huit
....	soixante-douze
75	....

....	quatre-vingt-dix-sept
88	....
....	quatre-vingts

4 **Colorie** la case d'arrivée de Rainette.

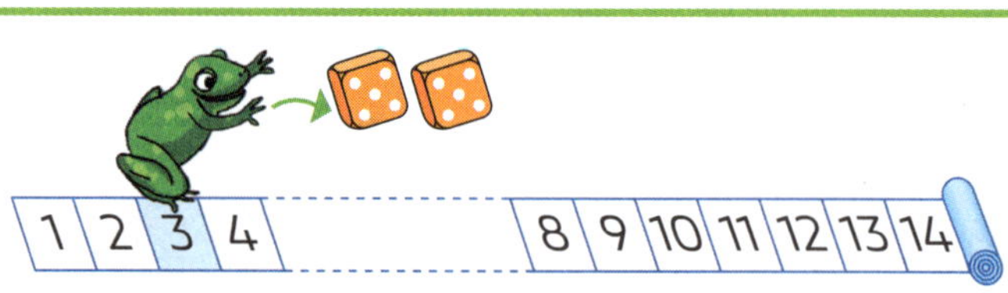

19 Trouver, compléter un alignement

....	....	....	....	....

Compétences	Utiliser la règle pour trouver des points alignés et compléter un alignement.
Calcul mental	Dictée de nombres (nombres < 100). L'enseignant dit : « 96 » ; l'élève écrit 96.
Activité manipulatoire	Alignez-vous !
Prérequis oral	Alignez trois aimants sur le tableau.
Différenciation	Consolidation : Photofiche 18 C.

Découvrons

1 **Colorie** en vert les points alignés avec les deux points rouges.

Relie les points rouges à l'aide de ta règle. **Prolonge** ce segment jusqu'au bord du cadre.

Les points verts sont-ils dans le prolongement de ce segment ? ☐ oui ☐ non

Je m'entraîne

2 **Relie** à la règle 4 étoiles alignées.

3 PROBLÈME **Dessine** en rouge 2 points alignés avec les 2 points rouges.
Dessine en bleu 2 points alignés avec les 2 points bleus.

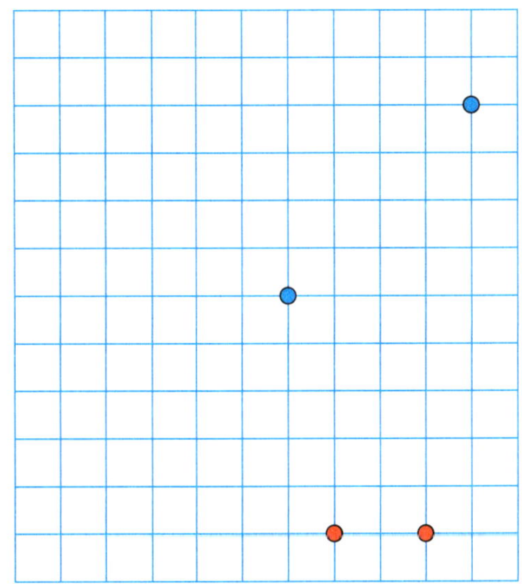

20 Décomposer les nombres jusqu'à 99

....	....	....	....	....

Compétence	Connaître des décompositions additives des nombres inférieurs à 100.
Calcul mental	Compléments à 10. L'enseignant dit : « De 7 pour aller à 10 » ; l'élève écrit 3.
Activité manipulatoire	Jeu de cartes.
Prérequis oral	Quel nombre correspond à 3 dizaines ?
Réinvestissement	Se déplacer sur la bande numérique.
Différenciation	Remédiation : Photofiche 19 R.

Découvrons

MÉMO 5

1 Mélissa compte ses points. **Complète.**

10 + ... = ... d .... u

Mélissa a .... points.

2 **Écris** le nombre de Boris dans le tableau, puis **complète**.

dizaine	unité
d	u
....	....

84 = ... d .... u

84 = ... + 4

Je m'entraîne

3 **Complète.**

94	....	....	83
..... d ..... u	8 d 5 u	..... d ..... u	..... d ..... u
90 + ...	..... + ...	70 + 6	..... + ...

4 **PROBLÈME** Combien de points Louis a-t-il obtenus ?

....

Louis a obtenu .... points.

5 **Colorie** la case d'arrivée de Rainette.

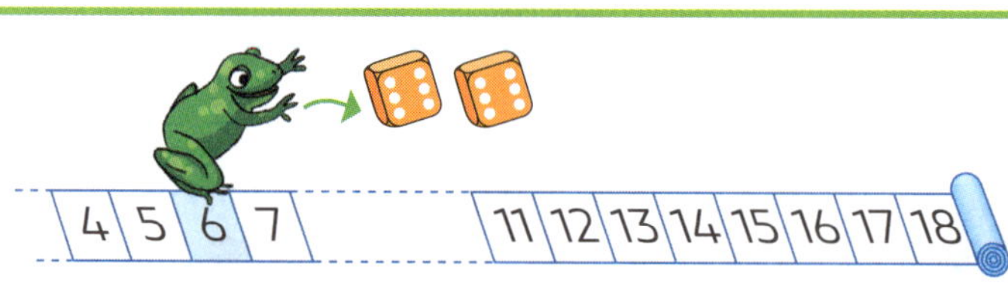

21 Comparer, ordonner, intercaler les nombres jusqu'à 99

Compétences	Comparer, ordonner, intercaler les nombres inférieurs à 100.
Calcul mental	Tables d'addition (sommes ≤ 20). L'enseignant dit : « 7 + 4 » ; l'élève écrit 11.
Activité manipulatoire	Le matériel de numération.
Prérequis oral	Quel est le plus grand de ces deux nombres : 39 ou 51 ?
Réinvestissement	Ajouter un petit nombre.
Différenciation	Consolidation : Photofiche 20 C.

Découvrons

MÉMO 6 — MATÉRIEL A

1 Théo compare les nombres 84 et 76. **Complète**.

84 = 8 d + 4 u

76 = 7 d + 6 u

.... *est plus grand que* ....

On écrit : .... > ....

Léa compare les nombres 93 et 98. **Complète**.

93 = 9 d + 3 u

98 = 9 d + 8 u

.... *est plus petit que* ....

.... < ....

2 **Range** les nombres 84, 76, 93 et 98 du plus grand au plus petit.

.... > .... > .... > ....

Je m'entraîne

3 **Colorie** le plus grand nombre de chaque chenille.

4 **Range** ces nombres du plus grand au plus petit.

81 89 78 90

.... > .... > .... > ....

5 **Complète** avec les nombres : 94 ; 84 ; 87.

75 | .... | 85 | .... | .... | 95

6 **Calcule** 35 + 8.

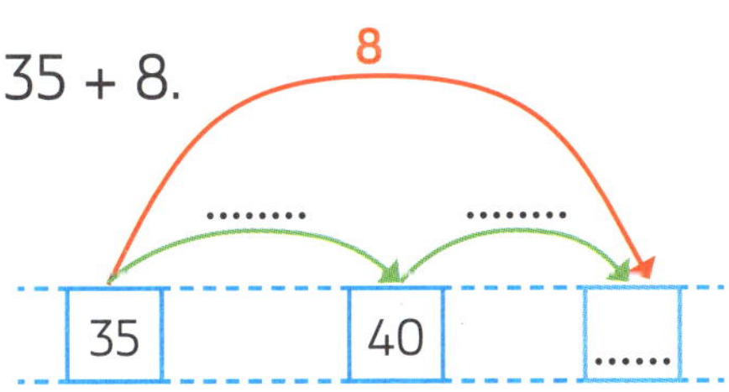

35 + 8 = ...

Le coin du chercheur

Lou et Félix ont le même nombre de feutres. Combien de feutres contient la pochette ?

Lou : Félix :

....

22 Problèmes : Situations additives ou soustractives (2)

Compétences	Résoudre des situations additives ou soustractives : recherche de l'état final.
Calcul mental	Écrire le plus grand de trois nombres (nombres ⩽ 30). L'enseignant dit : « 15 ; 18 ; 13 » ; l'élève écrit 18.
Différenciation	Consolidation : Photofiche 21 C.

1

Le car transporte 25 élèves.

8 élèves montent.

Le car repart.

Combien d'élèves le car transporte-t-il quand il repart ?

Écris l'opération et **calcule**. ....

Complète la phrase réponse.

Quand il repart, le car transporte .... élèves.

2

Le car transporte 28 élèves.

6 élèves descendent.

Le car repart.

Combien d'élèves le car transporte-t-il quand il repart ? ....

Complète la phrase réponse. *Quand il repart, le car transporte .... élèves.*

3

Le car transporte 24 élèves.

5 filles et 5 garçons montent dans ce car.

Le car repart.

Combien d'élèves le car transporte-t-il quand il repart ? ....

Complète la phrase réponse. *Quand il repart, le car transporte .... élèves.*

23 Maths Aventures (1)
La course à la voile

Quand ta réponse est correcte, colorie l'étoile. ☆

1 ☆ **Prolonge** les rayons du Soleil jusqu'au nuage.

2 ☆ **Écris** les nombres sur les voiles des bateaux.

3 ☆ **Colorie** les 3 flotteurs alignés.

4 ☆ Léa a 17 €. Combien lui manque-t-il pour acheter ce tee-shirt ?

Il lui manque .... €.

5 ☆ **Reproduis** le bateau sur le quadrillage.

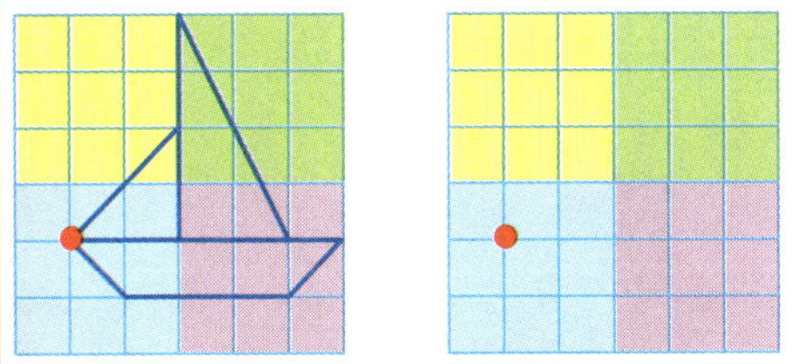

6 ☆ **Complète** le dossard du photographe.

Si tu as colorié 5 ou 6 étoiles, colorie la médaille d'or ; 3 ou 4 étoiles, colorie la médaille d'argent ; sinon, colorie la médaille de bronze.

2 1 3

24 Je fais le point (2)

Nombres et calculs

1 Complète.

39 + 1 = ...   79 + 1 = ...   60 – 1 = ...   90 – 1 = ...

Ajouter 1, retrancher 1 pour passer une dizaine.

2 Écris en chiffres.

soixante-douze : ....   quatre-vingts : ....   quatre-vingt-dix : ....

quatre-vingt-six : ....   soixante-dix-neuf : ....

Passer de l'écriture en lettres à l'écriture en chiffres.

3 Observe et complète.

87	8 dizaines 7 unités	80 + 7
75	.... dizaines .... unités	....
....	9 dizaines 6 unités	....
....	.... dizaines .... unités	80 + 2

Décomposer un nombre.

4 Colorie le plus grand nombre de chaque étiquette.

| 75 | 79 |

| 91 | 87 |

Comparer deux nombres.

5 Range ces nombres du plus grand au plus petit.

84   76   90   78

.... > .... > .... > ....

Ordonner les nombres.

6 **Calcule.** 27 + 7

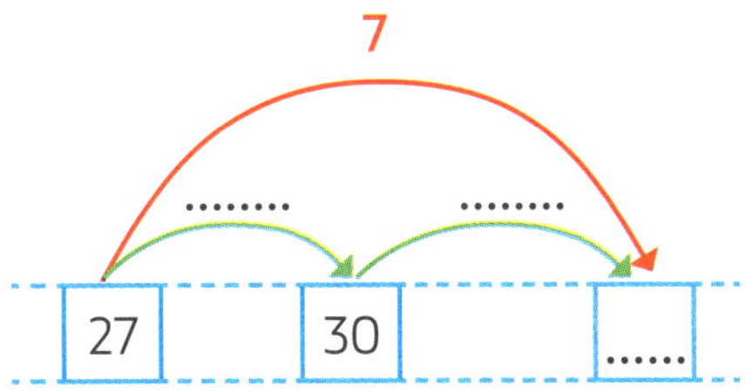

27 + 7 = ...

34 – 6

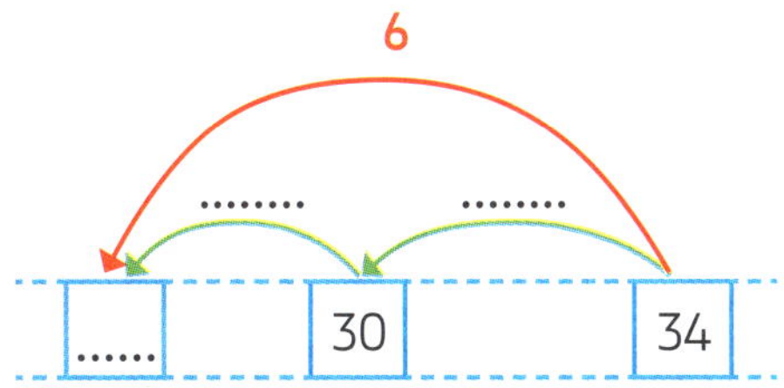

34 – 6 = ...

Ajouter, retrancher un petit nombre.

7 PROBLÈME **Résous** le problème.

....

Maintenant, cette boîte contient .... jetons.

Résoudre un problème du champ additif.

Espace et géométrie

8 **Colorie** 3 points alignés.

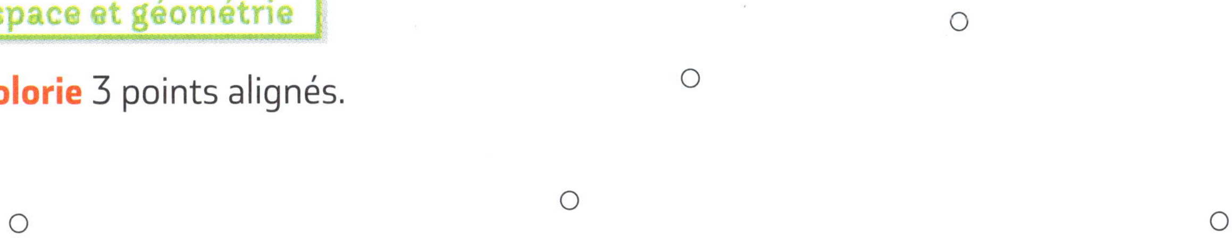

Trouver un alignement.

9 **Reproduis** cette figure.

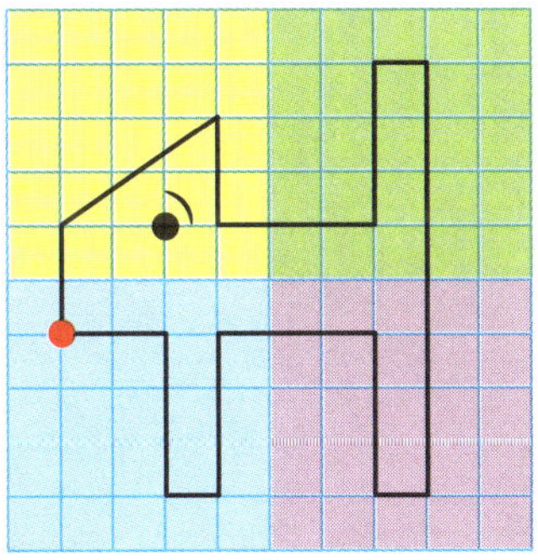

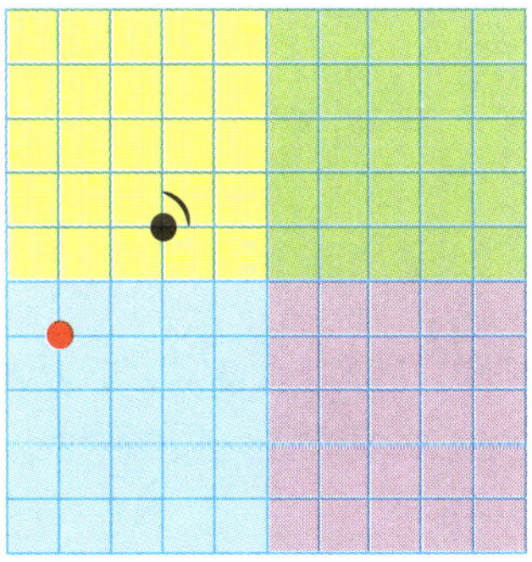

Reproduire une figure sur quadrillage.

25 Je cherche (1)

Compétence	Résoudre un problème de recherche personnelle dans la structuration de l'espace et dans la numération.
Différenciation	Consolidation : Photofiche 22 C.

....

1. Pour chaque quadrillage, **enferme** les 3 dessins dans un seul carré. **Utilise** les lignes du quadrillage.

1. 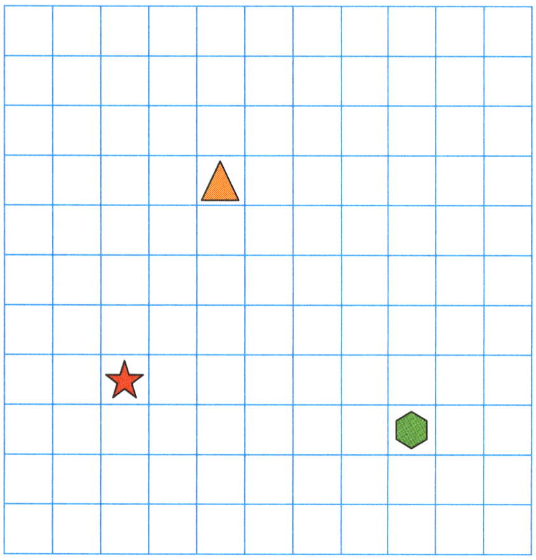

2. 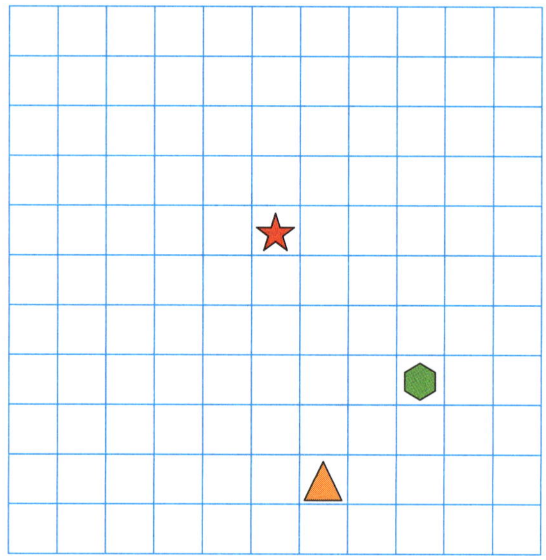

3. 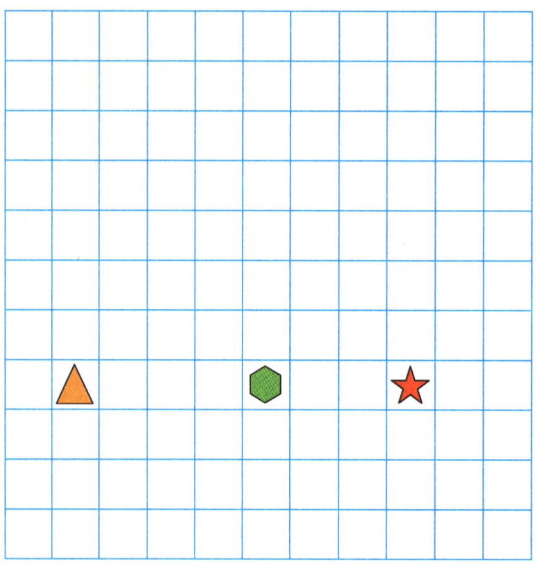

2. **Place** les chiffres 1 à 5 dans les cases. Il faut que la somme des nombres de la ligne et de la colonne soit la même.

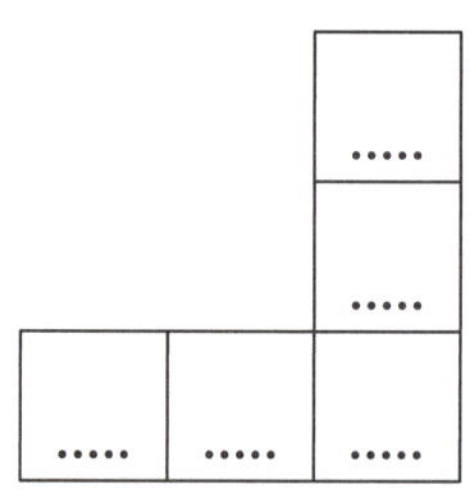

26 Identifier les polygones

Compétences	Reconnaître des polygones et identifier leurs sommets et leurs côtés.
Calcul mental	Dictée de nombres (nombres < 100). L'enseignant dit : « 75 » ; l'élève écrit 75.
Activité manipulatoire	Jeu du portrait.
Prérequis oral	Où se trouvent les sommets d'un triangle ?
Différenciation	Remédiation : Photofiche 23 R.

Découvrons

1 **Colorie** les polygones en jaune.

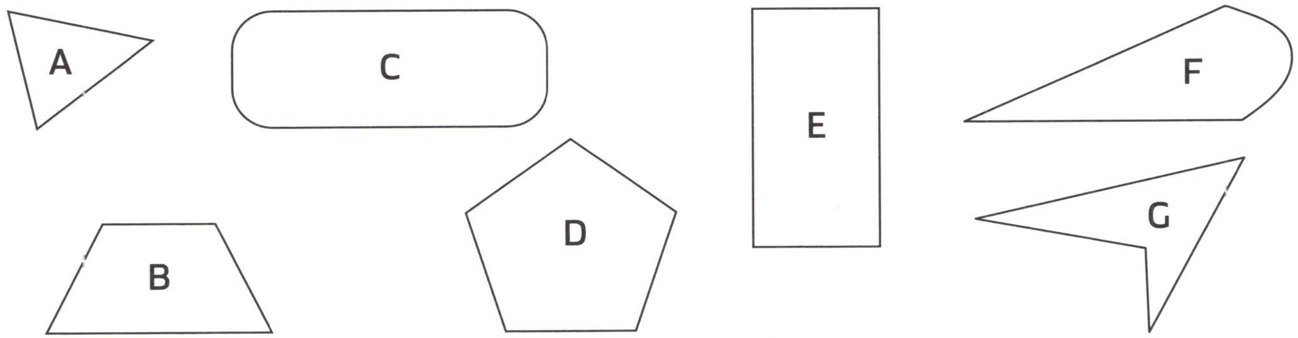

2 **Dessine** un point rouge sur chacun des sommets de ces polygones.
Coche. Un polygone possède autant de sommets que de côtés. ☐ oui ☐ non

Je m'entraîne

3 **Colorie** les polygones en jaune.

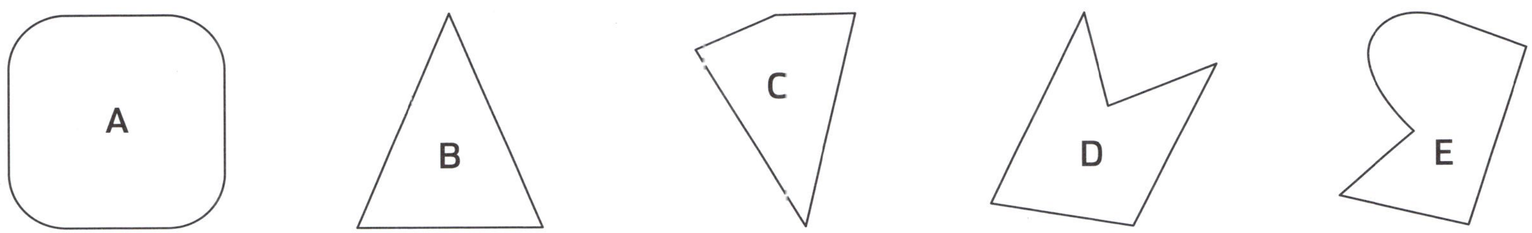

4 Cette figure est-elle un polygone ? **Coche**. ☐ oui ☐ non
Dessine un point rouge sur chaque sommet.
Repasse chaque côté en bleu.
Complète.

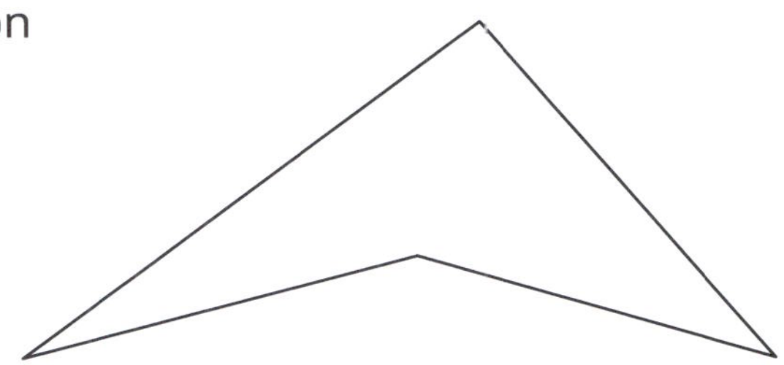

Cette figure possède .... côtés et .... sommets.

27 Calcul en ligne : Ajouter des dizaines à un nombre de deux chiffres

Compétence	Ajouter des dizaines à un nombre de deux chiffres.
Calcul mental	Ajouter des unités à un multiple de 10. L'enseignant dit : « 50 + 4 » ; l'élève écrit 54.
Activité manipulatoire	Le matériel de numération.
Prérequis oral	Combien font 3 dizaines ?
Réinvestissement	Trouver un alignement.
Différenciation	Remédiation : Photofiche 24 R.

Découvrons

MÉMO 9

1 Théo calcule 30 + 20. **Complète**.

30 + 20 = ... dizaines + ... dizaines

30 + 20 = ... dizaines = ...

J'additionne des paquets de 10.

2 Léa calcule 30 + 26. **Complète**.

30 + 26 = 30 + 20 + 6

30 + 26 = ... + 6 = ...

Je décompose 26 en 20 + 6.

Je m'entraîne

3 **Calcule**.

10 + 30 = ... | 30 + 40 = ... | 50 + 40 = ...

4 **Calcule**.

20 + 14 = 20 + 10 + ...

20 + 14 = ... + ... = ...

30 + 24 = 30 + ... + ...

30 + 24 = ...

5 **PROBLÈME** Suzie cueille 30 marguerites et Naomi 17 coquelicots. Combien de fleurs ont-elles cueillies ?

....

Suzie et Naomi ont cueilli .... fleurs.

6 **Relie**, avec ta règle, 4 billes alignées.

28 Construire des triangles

Compétence	Construire des triangles à partir des sommets ou des côtés.
Calcul mental	Écrire le plus grand de deux nombres (nombres < 100). L'enseignant dit : « 85 et 75 » ; l'élève écrit 85.
Activité manipulatoire	Triangles et planche à clous.
Prérequis oral	Dessinez un triangle à main levée.
Différenciation	Remédiation : Photofiche 25 R.

Découvrons

1 **Entoure** les baguettes et les boules de pâte à modeler nécessaires pour fabriquer un triangle.

Un triangle possède .... sommets et .... côtés.

2 **Prolonge** les segments à l'aide de ta règle pour obtenir un triangle.
Colorie-le en jaune.
Dessine un point **rouge** sur chaque sommet.

Je m'entraîne

3 **Prolonge** les segments à l'aide de ta règle pour obtenir un triangle.
Colorie-le en jaune.
Dessine un point **rouge** sur chaque sommet.

4 **Trace** deux triangles.
Choisis leurs sommets parmi les points **rouges**.

Tu peux utiliser plusieurs fois les mêmes points **rouges**.

29 Découvrir le nombre 100

....	....	....	....	....

Compétence	Connaître le nombre 100.
Calcul mental	Ajouter 10 à un nombre de deux chiffres. L'enseignant dit : « 24 + 10 » ; l'élève écrit 34.
Activité manipulatoire	Le matériel de numération.
Prérequis oral	Combien de dizaines y a-t-il dans le nombre 60 ?
Réinvestissement	Ajouter des nombres formés de dizaines entières.
Différenciation	Remédiation : Photofiche 26 R.

Découvrons

1 Combien de dizaines de crayons Léa a-t-elle rangées ?

Léa a rangé .... dizaines de crayons.

Combien de crayons Léa a-t-elle rangés ? *Léa a rangé .... crayons.*

2 **Dessine** les barres ou les jetons qui manquent pour faire 100. **Complète.**

MATÉRIEL A

90 + ... = 100

99 + ... = 100

Je m'entraîne

3 Le pâtissier a confectionné des sachets de 10 dragées. **Entoure** 100 dragées.

4 PROBLÈME Combien de billes manque-t-il à Théo pour avoir 100 billes ?
Dessine-les et **complète**.

Il manque .... billes à Théo pour avoir 100 billes.

5 **Calcule.**

20 + 20 = ... | 30 + 20 = ... | 40 + 30 = ... | 50 + 40 = ...

30 Calcul en ligne : Additionner deux nombres de deux chiffres

Compétence	Additionner deux nombres de deux chiffres.
Calcul mental	Compter de 10 en 10. L'enseignant dit : « 23 ; 33 ; 43 » ; l'élève écrit 53.
Activité manipulatoire	Le matériel de numération.
Prérequis oral	Combien font 20 + 15 ?
Réinvestissement	Dénombrer les sommets d'un polygone.
Différenciation	Remédiation : Photofiche 27 R.

....

Découvrons

MÉMO 9

1 Théo calcule 35 + 23. **Complète**.

35 + 23 = 30 + 5 + 20 + 3

35 + 23 = 30 + 20 + ... + ...

35 + 23 = ... + ... = ...

Commence par additionner les dizaines entre elles, puis les unités entre elles.

2 Léa calcule 28 + 36. **Complète**.

28 + 36 = 20 + 8 + 30 + 6

28 + 36 = 20 + 30 + ... + ...

28 + 36 = ... + ... = ...

Je m'entraîne

3 **Calcule**.

26 + 32 = 20 + 6 + 30 + 2

26 + 32 = 20 + 30 + ... + ...

26 + 32 = ... + ... = ...

37 + 45 = 30 + 7 + 40 + 5

37 + 45 = 30 + 40 + ... + ...

37 + 45 = ... + ... = ...

4 PROBLÈME Léon achète cette trottinette et ce casque. Combien paie-t-il ?

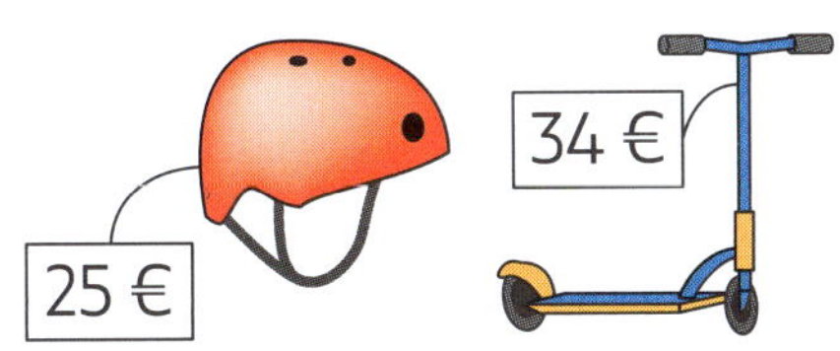

....

....

Léon paie .... €.

5 **Écris** le nombre de sommets de chaque polygone.

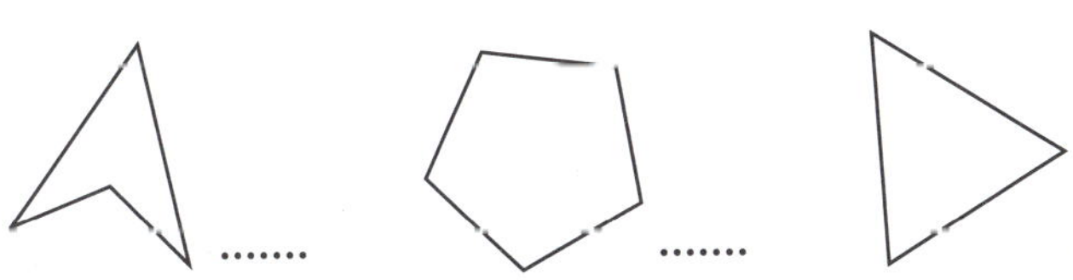

....

Le coin du chercheur

Complète avec 1, 2, 3 et 4.
Les sommes en ligne et en colonne doivent être égales à 10.

31 Calcul en ligne : Calculer le double d'un nombre

Compétences	Connaître et calculer les doubles des nombres inférieurs à 20.
Calcul mental	Ajouter 20 à un nombre de deux chiffres. L'enseignant dit : « 36 + 20 » ; l'élève écrit 56.
Activité manipulatoire	Le matériel de numération.
Prérequis oral	Montrez-moi 5 doigts. Montrez-m'en le double.
Réinvestissement	Intercaler un nombre.
Différenciation	Consolidation : Photofiche 28 C.

....

Découvrons

1 Théo calcule le double de 12.

Le double de 12, c'est 12 + 12.

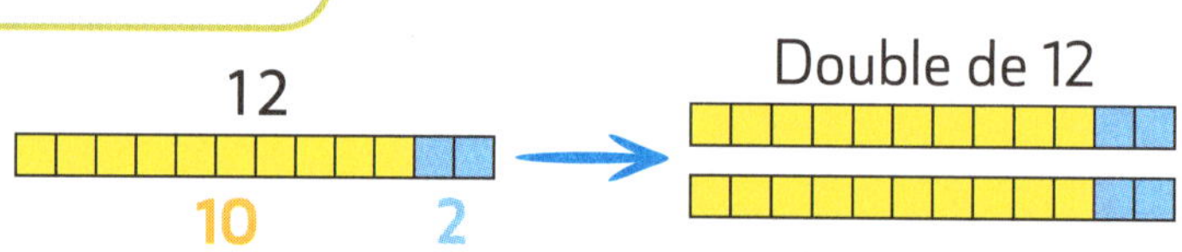

Double de 12 = double de 10 + double de ....

Double de 12 = ... + ... = ...

Table des premiers doubles

1 + 1 = 2	6 + 6 = 12
2 + 2 = 4	7 + 7 = 14
3 + 3 = 6	8 + 8 = 16
4 + 4 = 8	9 + 9 = 18
5 + 5 = 10	10 + 10 = 20

Utilise la table des premiers doubles.

Je m'entraîne

2 **Calcule.**

- **Double de 14**

14 = 10 + ...

Double de 10 = ...

Double de .... = ...

Double de 14 = ...+ .... = ...

- **Double de 17**

17 = 10 + ...

Double de 10 = ...

Double de .... = ...

Double de 17 = ... + ... = ...

3 **PROBLÈME** Théo a ramassé 15 champignons. Léa en a ramassé le double. Combien de champignons Léa a-t-elle ramassés ?

....

....

Léa a ramassé .... champignons.

4 Les nombres des camions sont rangés du plus petit au plus grand.
Complète avec les nombres : 62 ; 83 ; 48.

32 Échanger dix dizaines contre une centaine

Compétence	Échanger dix dizaines contre une centaine.
Calcul mental	Calculer les doubles (nombres ⩽ 10). L'enseignant dit : « 3 + 3 » ; l'élève écrit 6.
Activité manipulatoire	Jeu de l'échange.
Prérequis oral	Combien de dizaines y a-t-il dans le nombre 100 ?
Réinvestissement	Se déplacer sur la bande numérique.
Différenciation	Remédiation : Photofiche 29 R.

Découvrons

MATÉRIEL A

1 Théo a représenté son nombre de jetons.
Il échange chaque paquet de 10 dizaines contre 1 centaine. **Complète.**

Règle d'échange

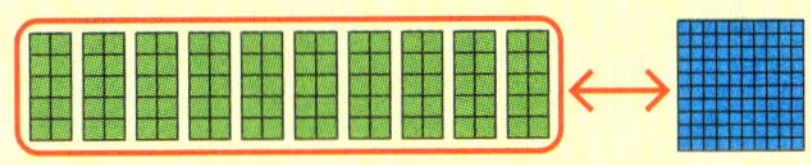

10 dizaines = 1 centaine = 100

centaine	dizaine	unité
c	d	u
....	....	....

Théo possède .... jetons.

2 Dans le nombre de jetons de Théo, quel est : *le chiffre des centaines ?* ....
le chiffre des dizaines ? .... *le chiffre des unités ?* ....

Je m'entraîne

3 **Écris** le nombre de jetons de Léa. **Complète.**

centaine	dizaine	unité
c	d	u
....	....	....

Léa possède .... jetons.

4 **Écris** le nombre de jetons de Mélissa. **Complète.**

centaine	dizaine	unité
c	d	u
....	....	....

Mélissa possède .... jetons.

Dans ce nombre, quel est le chiffre des unités ? ....

5 **Colorie** la case d'arrivée de Rainette.

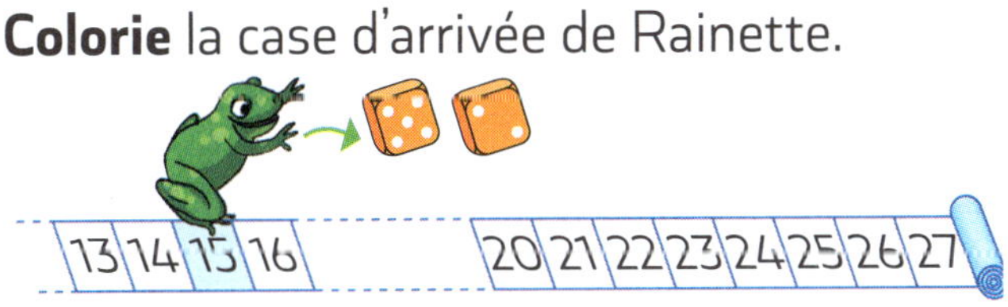

Le coin du chercheur

Combien de triangles vois-tu dans cette figure ? ....

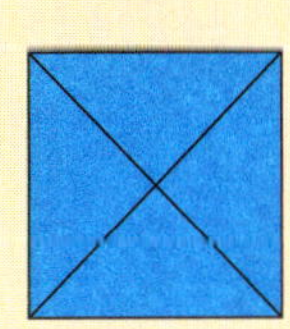

33 Lire, écrire, décomposer les nombres jusqu'à 199

....

Compétences	Lire, écrire, décomposer les nombres inférieurs à 200.
Calcul mental	Écrire les compléments à 10. L'enseignant écrit : 8 + ... = 10 ; l'élève écrit 2.
Activité manipulatoire	Le matériel de numération.
Prérequis oral	Quel nombre vient après 99 ?
Réinvestissement	Additionner des dizaines à un nombre de 2 chiffres.
Différenciation	Consolidation : Photofiche 30 C.

Découvrons

1 Mélissa écrit le nombre d'enveloppes dans le tableau. MÉMO 4 MÉMO 5
Elle lit ce nombre :

cent quarante-deux

centaine	dizaine	unité
c	d	u
1	4	2

Je lis d'abord les centaines : « cent », puis le nombre de deux chiffres qui suit : « quarante-deux ».

Complète. 142 = ... c .... d .... u 142 = ... + ... + ...

2 Théo a acheté **cent vingt-cinq** timbres. **Écris** ce nombre. ....

Je m'entraîne

3 **Colorie** les étiquettes égales au nombre de crayons.

231 135 cent cinq

cent vingt-trois 315 cent trente-cinq

4 Léa possède 154 images ; Gabriel en possède 108.
Écris ces nombres dans le tableau, puis **complète**.

154 = ... c .... d .... u

154 = ... + ... + ...

108 = ... c .... d .... u

108 = ... + ...

centaine	dizaine	unité
c	d	u
....	....	....
....	....	....

5 **Calcule.**

30 + 18 = 30 + 10 + ...

30 + 18 = ... + ... = ...

50 + 26 = 50 + ... + ...

50 + 26 = ... + ... = ...

34 Construire la droite graduée

Compétence	Passer de la bande numérique à la droite graduée.
Calcul mental	Dictée de nombres (nombres < 200). L'enseignant dit : « 156 » ; l'élève écrit 156.
Prérequis oral	Connaissez-vous des objets qui portent des graduations ?
Réinvestissement	Ajouter des dizaines à un nombre de deux chiffres.
Différenciation	Consolidation : Photofiche 31 C.

Découvrons

1 **Observe** et **complète**.

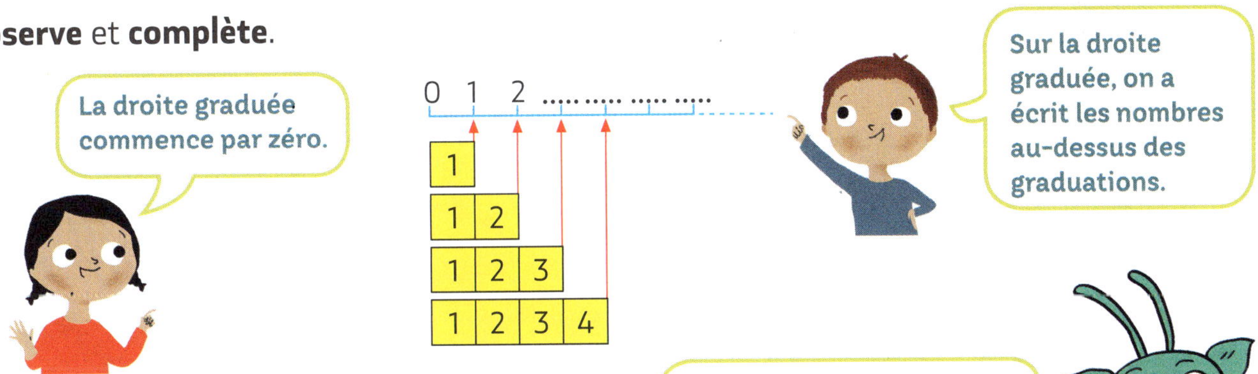

2 **Relie** les étiquettes **vertes** à la droite graduée.
Complète les étiquettes **orange**.

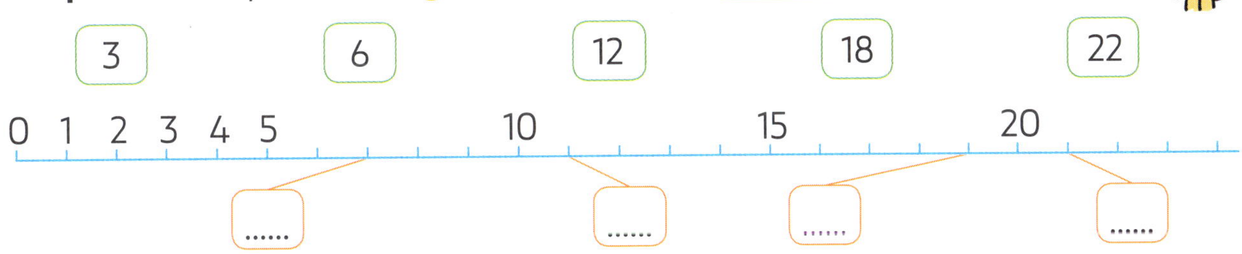

Je m'entraîne

3 **Relie** ou **complète** les étiquettes.

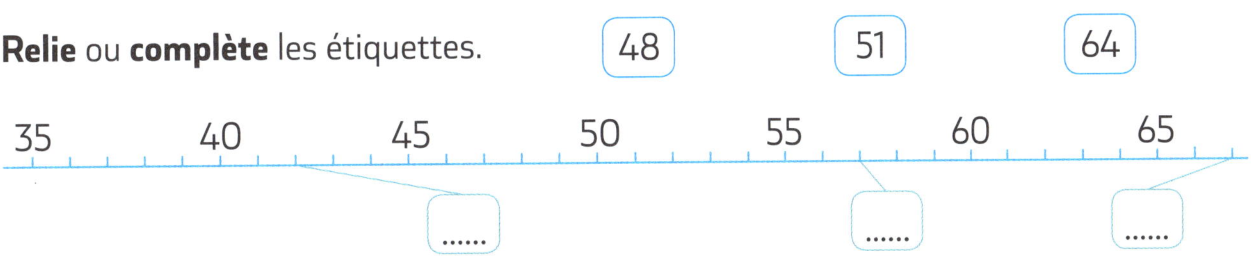

Range les nombres des 6 étiquettes du plus petit au plus grand.

.... < .... < .... < .... < .... < ....

4 **Calcule**.

35 + 30 = ...

....

42 + 20 = ...

....

35 Mesurer une longueur par report de l'unité

Compétences	Mesurer une longueur par report d'une unité arbitraire. Découvrir que la mesure dépend du choix de l'unité.
Calcul mental	Décompositions canoniques (nombres < 200). L'enseignant dit : « 100 + 8 » ; l'élève écrit 108.
Activité manipulatoire	Mesurer avec ses pieds.
Prérequis oral	Mesurez la largeur de votre fichier avec votre gomme.
Différenciation	Remédiation : Photofiche 32 R.

Découvrons

1 **Mesure** la longueur du segment **violet** avec les unités u et v. MÉMO 13 MATÉRIEL B

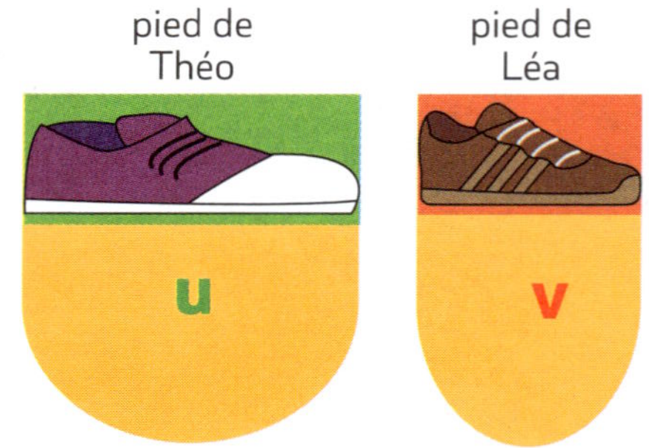

.... u

.... v

La mesure de la longueur du segment dépend-elle de l'unité choisie ? ☐ oui ☐ non

Je m'entraîne

2 **Mesure** la longueur du segment **bleu** avec l'unité u, puis avec l'unité v.

.... u

.... v

3 PROBLÈME Zoé la puce fait un premier saut de longueur 5 u, Léon le grillon un saut de longueur 5 v.
Quel est le plus long ?

☐ Le saut de Zoé ☐ Le saut de Léon

Vérifie en traçant les sauts de Zoé et de Léon.

36 Problèmes : Situations additives ou soustractives (3)

Compétence	Trouver la valeur de l'état initial dans un problème de transformation d'état.
Calcul mental	Complément à 100. L'enseignant dit : « De 90 pour aller à 100 » ; lélève écrit 10.
Différenciation	Consolidation : Photofiche 33 C.

....

1

Le car transporte des élèves.

À l'arrêt, 5 élèves descendent.

Le car repart avec 17 élèves.

Avant l'arrêt, combien d'élèves le car transportait-il ?

....

Avant l'arrêt, le car transportait .... élèves.

Imagine que les 5 élèves remontent dans le car.

2

Le car transporte des élèves.

À l'arrêt, 6 élèves montent.

Le car repart avec 19 élèves.

Avant l'arrêt, combien d'élèves le car transportait-il ?

....

Avant l'arrêt, le car transportait .... élèves.

Imagine que les 6 élèves redescendent du car.

3

Le car transporte des élèves.

À l'arrêt, 8 élèves descendent.

Le car repart avec 24 élèves.

Avant l'arrêt, combien d'élèves le car transportait-il ?

....

Avant l'arrêt, le car transportait .... élèves.

37 Je fais le point (3)

Nombres et calculs

1 **Colorie** les étiquettes du nombre 100.

99 + 10 | 95 + 5 | 99 + 1 | 90 + 10 | 90 + 1

Connaître le nombre 100.

2 **Écris** en chiffres.

cent douze : .... cent quarante-huit : ....

Passer de l'écriture en lettres à l'écriture en chiffres.

3 **Observe** et **complète**.

135	1 centaine 3 dizaines 5 unités	100 + 30 + 5
128	.... centaine .... dizaines .... unités	....
....	.... centaine .... dizaines .... unités	100 + 80 + 2
....	1 centaine 5 dizaines 6 unités	....

Décomposer un nombre.

4 **Calcule** sans poser l'opération.

20 + 32 = ...

30 + 28 = ...

Ajouter des dizaines à un nombre de deux chiffres.

5 **Calcule** sans poser l'opération.

35 + 24 = ...
....

28 + 45 = ...
....

Calculer en ligne une somme de deux nombres de deux chiffres.

6 **Calcule**.

- **Double de 13**

13 = 10 + ...
Double de 10 = ...
Double de .... = ...
Double de 13 = ... + ... = ...

- **Double de 16**

16 = 10 + ...
Double de 10 = ...
Double de .... = ...
Double de 16 = ... + ... = ...

Calculer le double d'un nombre.

7 **PROBLÈME** Théo arrive à l'école avec un sac de billes. Il gagne 5 billes à la récréation. Il a maintenant 18 billes. Combien de billes avait-il en arrivant à l'école ?

....

En arrivant à l'école, Théo avait .... billes.

Résoudre un problème du champ additif : recherche de l'état initial.

Grandeurs et mesures

8 **Mesure** la longueur du segment **orange** avec l'unité **u**.

MATÉRIEL B

Mesurer une longueur par report d'une unité arbitraire.

Espace et géométrie

9 **Colorie** les polygones en **jaune**.

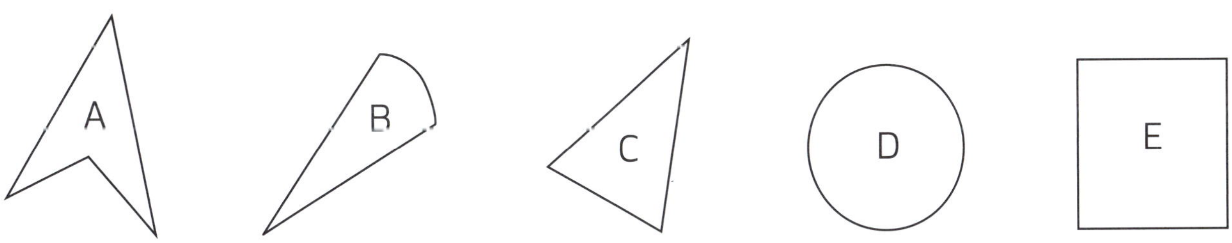

Identifier des polygones.

10 **Prolonge** les segments à l'aide de ta règle pour obtenir un triangle.
Dessine un point **rouge** sur chaque sommet.

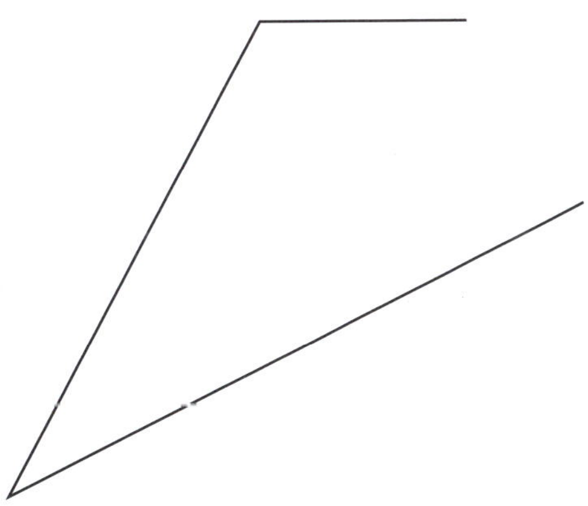

Tracer des triangles.

38 Comparer, ordonner les nombres jusqu'à 199

....

Compétences	Comparer, ordonner les nombres inférieurs à 200.
Calcul mental	Ajouter un petit nombre sans passage à la dizaine supérieure. L'enseignant écrit : « 25 + 4 » ; l'élève écrit 29.
Activité manipulatoire	Le matériel de la numération.
Prérequis oral	Quel est le plus grand de ces deux nombres : 10 ou 100 ?
Réinvestissement	Additionner deux nombres de deux chiffres.
Différenciation	Remédiation : Photofiche 34 R.

Découvrons

MÉMO 6 MÉMO 7

1 Léa compare 82 et 100.

82 = 8 d 2 u ; 82 = 10 + 10 + 10 + 10 + 10 + 10 + 10 + 10 + 2

100 = 1 c = 10 d ; 100 = 10 + 10 + 10 + 10 + 10 + 10 + 10 + 10 + 10 + 10

Complète avec le signe < ou le signe >. 82 100

2 Théo compare 152 et 124.

152 → 

124 → 

Complète avec le signe < ou le signe >. 152 124

3 **Range** ces nombres du plus petit au plus grand : 100 ; 82 ; 152 ; 124.

.... < .... < .... < ....

Un nombre de 2 chiffres est plus petit qu'un nombre de 3 chiffres.

Je m'entraîne

4 **Colorie** le plus grand nombre de chaque étiquette.

100 | 145   67 | 106   150 | 105   154 | 192

5 **Range** ces nombres du plus petit au plus grand : 173 ; 100 ; 78 ; 180.

.... < .... < .... < ....

6 **Calcule** sans poser l'opération.

45 + 25 = 40 + ... + ... + ...

45 + 25 = ... + ...

45 + 25 = ...

35 + 28 = 30 + ... + ... + ...

35 + 28 = ... + ...

35 + 28 = ...

39 Calculer le complément à un nombre

Compétence	Calculer le complément à un nombre.
Calcul mental	Compter de 10 en 10. L'enseignant écrit : 10, 20, 30 ; l'élève écrit 40.
Activité manipulatoire	Jeu des bandes
Prérequis oral	Combien faut-il ajouter à 37 pour obtenir 40 ?
Réinvestissement	Calculer un complément à 100.
Différenciation	Remédiation : Photofiche 35 R.

....

Découvrons

1 Léa veut compléter un album de 32 images. Elle a déjà 25 images.
Combien d'images lui manque-t-il ?

De 25 pour aller à 30, c'est 5.
De 30 pour aller à 32, c'est 2.
De 25 pour aller à 32, c'est...

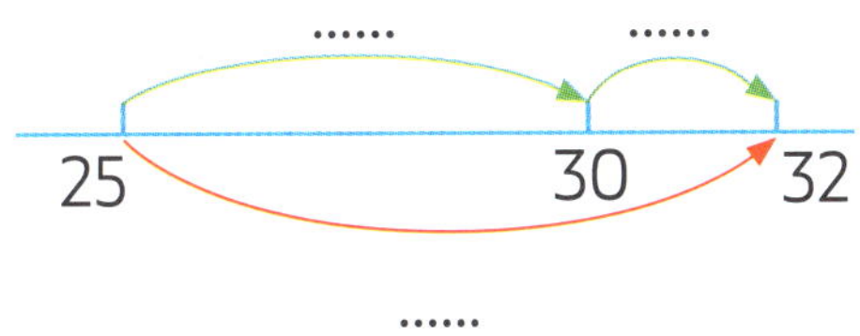

Complète. 25 + ... = 32 *Il lui manque .... images.*

Je m'entraîne

2 **Calcule.**

28 + ... = 31

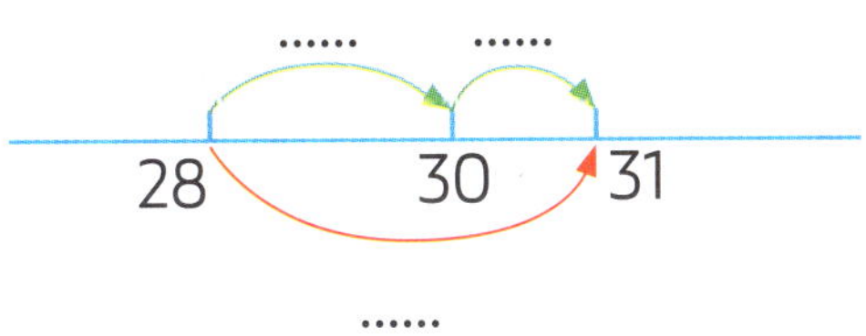

47 + ... = 52

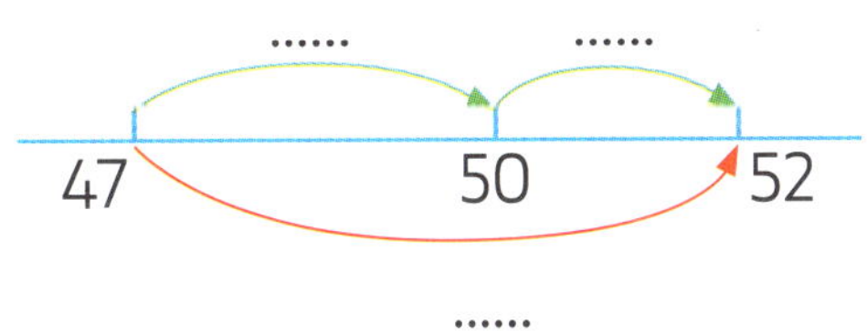

3 **PROBLÈME** Tom a 37 billes.
Combien doit-il en gagner pour en avoir 45 ?

37 + ... = 45

Tom doit gagner .... billes.

4 Chaque chenille est égale à 100. **Écris** le nombre qui manque.

Le coin du chercheur

Dessine les cartes qui manquent.

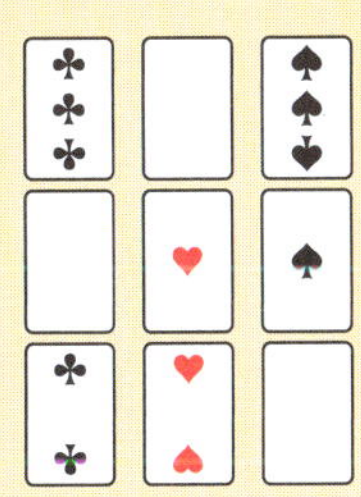

40 Problèmes :
Jeu du chapeau (2)

Compétence	Résoudre des situations additives ou soustractives : recherche de l'état initial.
Calcul mental	Somme de dizaines entières. L'enseignant écrit : 30 + 20 ; l'élève écrit 50.
Différenciation	Consolidation : Photofiche 36 C.

....

Au départ, combien de points y avait-il sous le chapeau ?

● = 1 u = 1 point
● = 1 d = 10 points

1

Au départ, sous le chapeau, il y avait .... jeton vert et .... jetons jaunes.
Il y avait donc .... points.

2

Au départ, sous le chapeau, il y avait .... jetons verts et .... jetons jaunes.
Il y avait donc .... points.

3

Au départ, sous le chapeau, il y avait .... jeton vert et .... jetons jaunes.
Il y avait donc .... points.

41 Se repérer dans l'espace

Compétences	Se repérer et se déplacer dans l'espace en utilisant des repères.
Calcul mental	Complément à la dizaine supérieure. L'enseignant dit : « De 28 pour aller à 30 » ; l'élève écrit 2.
Activité manipulatoire	Chasse au trésor dans la classe.
Prérequis oral	Qui est assis à ta gauche ? A ta droite ?
Réinvestissement	Ajouter 2 nombres de deux chiffres.
Différenciation	Consolidation : Photofiche 37 C.

....

Découvrons

1 **Observe** la salle de classe de Théo et de Léa.

Qui est devant Boris ? .... Qui est à droite de Théo ? ....

Qui est derrière Boris ? .... Qui est à gauche de Théo ? ....

2 Amir porte un cahier à Théo. Il passe entre Hiro et le bureau de la maîtresse, puis entre Lise et Léa. **Trace** son trajet en **bleu**.

Je m'entraîne

3 Qui est devant Mélissa ? .... Qui est à droite de Léa ? ....

Qui est derrière Mélissa ? .... Qui est à gauche de Léa ? ....

4 Pour aller voir Nina, la maîtresse passe entre Amir et Hiro, puis derrière Léa et, enfin, entre Théo et Mélissa. **Trace** son trajet en **vert**.

Imagine-toi à la place de la maîtresse...

5 **Calcule**.

25 + 39 = 20 + ... + ... + ...

25 + 39 = ... + ...

25 + 39 = ...

Le coin du chercheur

Écris le nombre qui manque.

42 Poser une addition sans retenue

....

Compétence	Poser une addition sans retenue avec des nombres de 1 ou 2 chiffres.
Calcul mental	Ajouter un petit nombre avec passage de la dizaine. L'enseignant écrit : 18 + 3 ; l'élève écrit 21.
Activité manipulatoire	Matériel de numération.
Prérequis oral	3 + 4 + 2 est-il plus grand que 10 ?
Réinvestissement	Utiliser la règle pour prolonger un segment.
Différenciation	Consolidation : Photofiche 38 C.

Découvrons

1 Mélissa calcule 52 + 4 + 31 en posant l'opération.
Observe et **complète**.

J'aligne les unités sous les unités, les dizaines sous les dizaines.

	d	u
	5	2
+		4
+	3	1
=	......	......

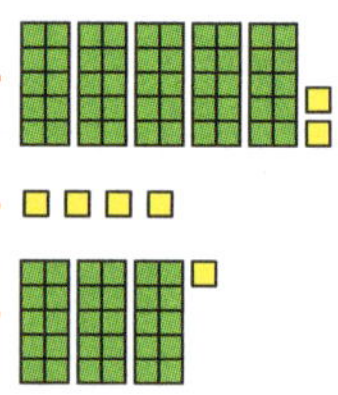

Vérifie ton résultat avec le matériel de numération.

52 + 4 + 31 = ...

Je m'entraîne

2 **Calcule**.

	d	u
	5	3
+	3	6
=	......	......

	d	u
	2	4
+		3
+	7	1
=	......	......

	d	u
	6	1
+	1	2
+	2	5
=	......	......

3 **Pose** et **calcule**.

45 + 32

d u

52 + 6 + 21

d u

Écris les unités sous les unités, les dizaines sous les dizaines…

4 **Prolonge** les segments jusqu'au bord du cadre.

43 Construire et utiliser une règle graduée en centimètres

Compétences	Construire une règle graduée en cm. L'utiliser pour mesurer une longueur en cm.
Calcul mental	Compter de 2 en 2. L'enseignant écrit : 30, 32, 34 ; l'élève écrit 36.
Activité manipulatoire	Construire une règle graduée.
Prérequis oral	Avec quelle unité est graduée la règle de votre trousse ?
Réinvestissement	Se repérer sur une droite graduée.
Différenciation	Consolidation : Photofiche 39 C.

Découvrons

1 Comme Léa et Théo, **construis** une règle graduée en centimètres (cm). **Plie** une feuille de papier. **Reporte** l'unité cm de la page matériel plusieurs fois sur le pli de la feuille.

MATÉRIEL B

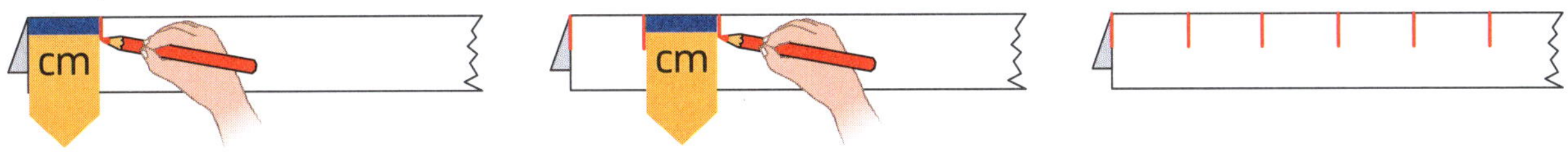

Écris les graduations comme sur la droite graduée.

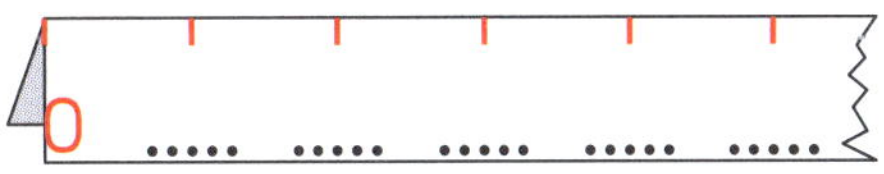

2 Avec ta règle, **mesure** la longueur du segment **vert**.

...... cm

Je m'entraîne

3 Léa et Théo ont mesuré la longueur du segment **bleu**. **Barre** la mesure fausse.

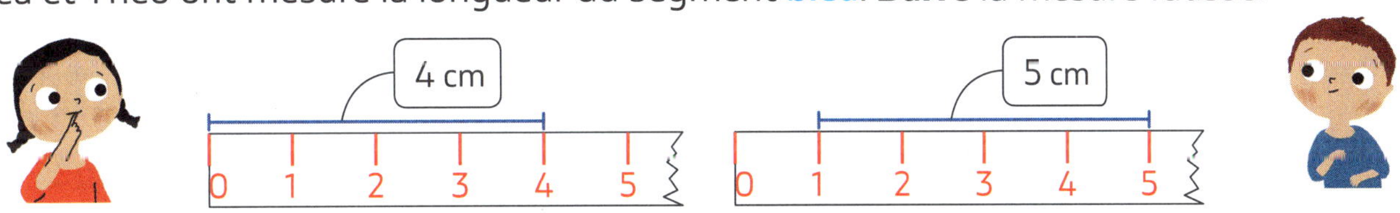

4 **Mesure** en cm la longueur de chaque segment. **Repasse** en **bleu** le plus **long** et en **vert** le plus **court**.

MATÉRIEL B

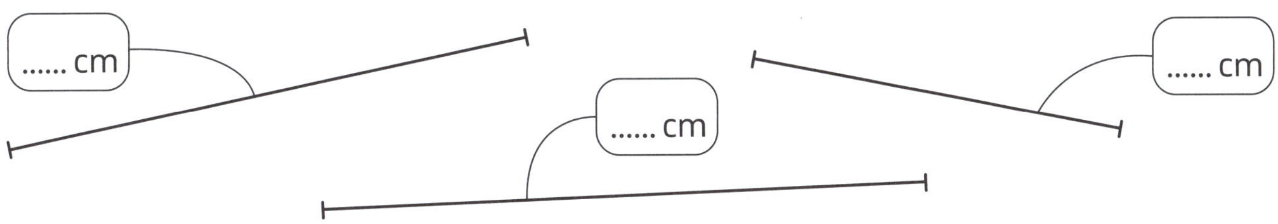

5 **Relie.**

39 42 57 63

Le coin du chercheur

Le premier est aussi avant-dernier. Combien y a-t-il de coureurs ?

....

44 Lire, écrire, décomposer les nombres jusqu'à 599

Compétences	Lire, écrire, décomposer les nombres inférieurs à 600.
Calcul mental	Ajouter des dizaines à un nombre de deux chiffres. L'enseignant écrit : 23 + 20 ; l'élève écrit 43.
Activité manipulatoire	Le matériel de numération.
Prérequis oral	Quel nombre vient après 99 ?
Réinvestissement	Identifier des polygones.
Différenciation	Remédiation : Photofiche 40 R.

....

Découvrons

MÉMO 4 MÉMO 5 MÉMO 8

1 Mélissa a écrit le nombre de feutres dans le tableau.
Elle lit ce nombre :

centaine	dizaine	unité
c	d	u
4	3	5

quatre cent trente-cinq

Je lis d'abord les centaines : « quatre cents », puis le nombre de deux chiffres qui suit « trente-cinq ».

Complète. 435 = ... c .... d .... u 435 = ... + ... + ...

2 Le directeur a reçu **cinq cent trente** cahiers. **Écris** ce nombre : ....

Je m'entraîne

3 **Colorie** les étiquettes égales au nombre de crayons.

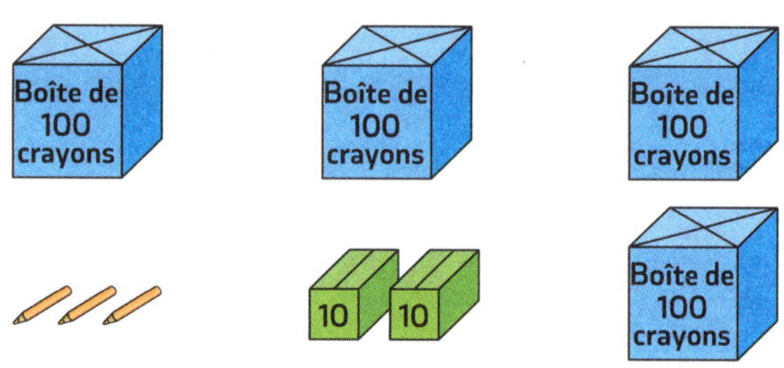

432	quatre cent vingt-trois
423	quatre cent trente-deux
324	trois cent vingt-quatre

4 Louis possède 295 images ; Emma en possède 520.
Écris ces nombres dans le tableau, puis **complète**.

centaine	dizaine	unité
c	d	u
....	....	....
....	....	....

295 = ... c .... d .... u

295 = 200 + ... + ...

520 = ... c .... d .... u

520 = ... + ...

5 **Colorie** en jaune les polygones.

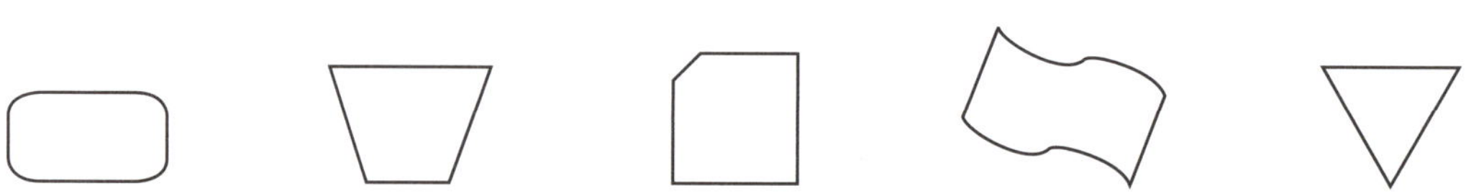

45 Poser une addition avec retenue (1)

Compétences	Poser et effectuer une addition avec retenue de deux nombres de deux chiffres.
Calcul mental	Dictée de nombres (nombres < 600). L'enseignant dit : « 256 » ; l'élève écrit 256.
Activité manipulatoire	Le matériel de numération.
Prérequis oral	Dans un tableau de numération, sur une ligne, peut-on écrire 2 chiffres dans une colonne ?
Réinvestissement	Lire, écrire un nombre.
Différenciation	Remédiation : Photofiche 41 R.

Découvrons

1 Théo calcule 74 + 28.
Complète son calcul.

Je commence par les unités :
4 + 8 = 12.
12 c'est 1 dizaine et 2 unités.
La retenue est (1) dizaine.

	c	d	u
	◯	(1)	
		7	4
+		2	8
=	……	……	~~1~~2

Il y a aussi une retenue dans la colonne des centaines.

MÉMO 10

74 + 28 = ……….

Je m'entraîne

2 **Calcule.**

	c	d	u
		◯	
		1	8
+		2	9
=		……	……

	c	d	u
	◯	◯	
		6	7
+		5	8
=	……	……	……

	c	d	u
	◯	◯	
		3	7
+		9	3
=	……	……	……

3 **Pose** et **calcule**.

27 + 38 — c d u

76 + 54 — c d u

83 + 95 — c d u

Attention ! il n'y a pas toujours une retenue.

4 **Écris** en chiffres.

cent dix : ……………

cent trois : ……………

cent quatre-vingts : ……………

Le coin du chercheur

Combien de triangles comptes-tu ?

…………

46 Identifier un angle droit

Compétence	Repérer des angles droits à l'aide d'un gabarit.
Calcul mental	Écrire le précédent (nombres < 600). L'enseignant dit : « 508 » ; l'élève écrit 507.
Activité manipulatoire	Fabrication d'un gabarit d'angle droit.
Prérequis oral	Repérez les quatre coins de votre fichier. Sont-ils identiques ?
Réinvestissement	Intercaler un nombre.
Différenciation	Remédiation : Photofiche 42 R.

....

Découvrons

1 **Utilise** un gabarit d'angle droit pour reconnaître les angles droits. **Dessine** un point **bleu** à leur sommet.

MÉMO 15 — MATÉRIEL D

Gabarit d'angle droit

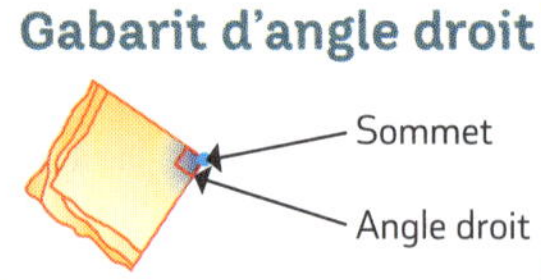

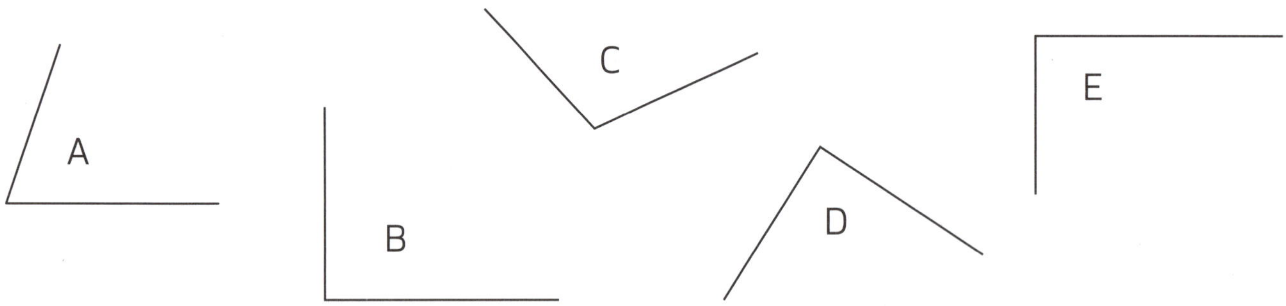

Je m'entraîne

2 **Utilise** un gabarit d'angle droit pour reconnaître les angles droits. **Dessine** un point **bleu** à leur sommet.

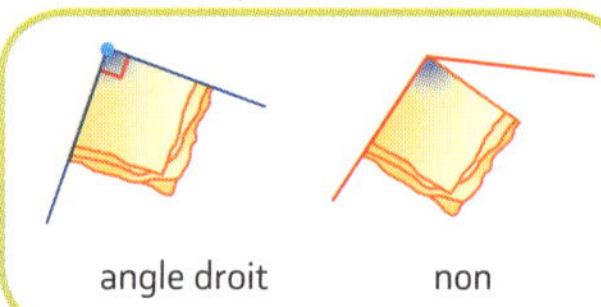

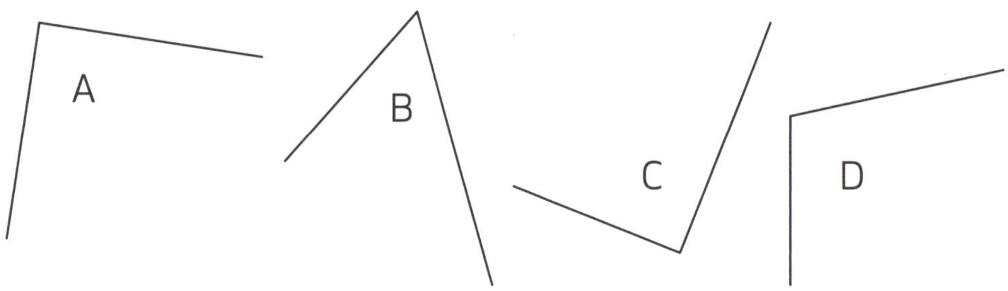

3 **Dessine** un point **bleu** au sommet des angles droits. Que remarques-tu ?

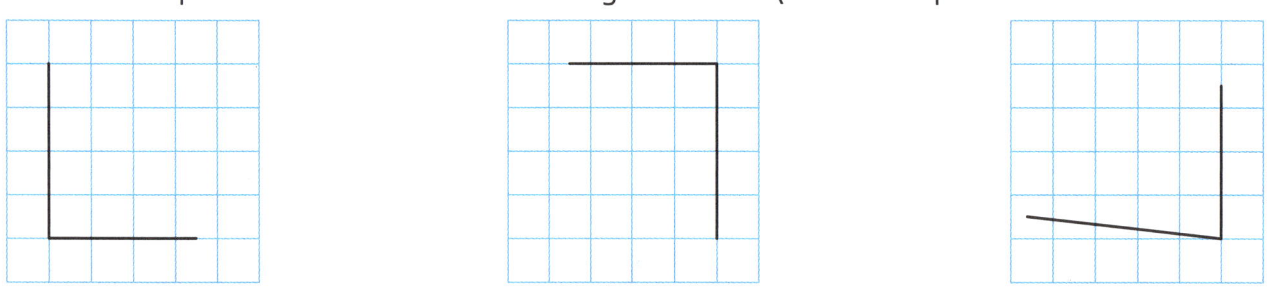

4 **Complète** en choisissant deux de ces nombres : 67 ; 28 ; 35 ; 72.

30 < .... < 40 60 < .... < 70

47 Tracer un angle droit

Compétence	Produire un angle droit dont le sommet et un côté sont déjà tracés, à l'aide d'un gabarit.
Calcul mental	Sommes de deux nombres de deux chiffres (somme des unités < 10). L'enseignant écrit : 15 + 14 ; l'élève écrit 29.
Activité manipulatoire	Tracés d'angles droits avec contraintes.
Prérequis oral	Montrez un angle droit sur votre bureau, dans la classe...
Différenciation	Remédiation : Photofiche 43 R.

Découvrons

MATÉRIEL D — MÉMO 15

1 **Observe** comment Théo trace un angle droit.
À ton tour, **trace** 3 angles droits.
Le point **bleu** est le sommet. Le trait **bleu** est un côté.

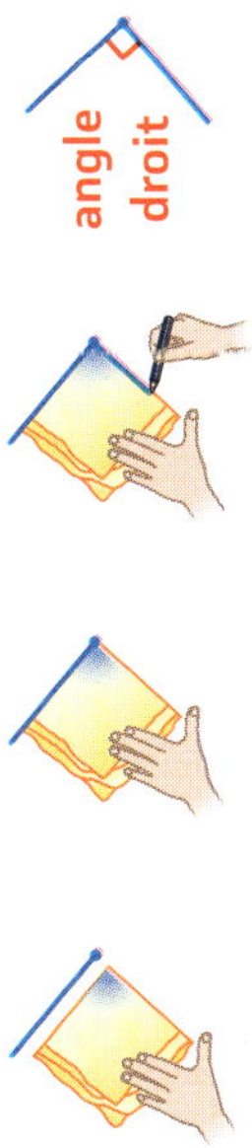

Je m'entraîne

2 **Trace** 2 angles droits. Le point **bleu** est le sommet. Le trait **bleu** est un côté.

48 Problèmes : Situations additives ou soustractives (4)

Compétence	Trouver la valeur de l'état initial dans un problème de transformation d'état.
Calcul mental	Écrire le suivant (nombres < 600). L'enseignant dit : « 458 » ; l'élève écrit 459.
Activité manipulatoire	Jouer avec des jetons.
Différenciation	Consolidation : Photofiche 44 C.

1

Théo a des images.

Boris lui donne 20 images.

Théo a maintenant 60 images.

Combien d'images Théo avait-il au début ?

....

Au début, Théo avait .... images.

2

Théo a des images.

Théo donne 10 images à Léa.

Théo a maintenant 40 images.

Combien d'images Théo avait-il au début ?

.... *Au début, Théo avait .... images.*

3

Théo a des billes.

Théo donne 30 billes à Léa.

Théo a maintenant 10 billes.

Combien de billes Théo avait-il au début ?

.... *Au début, Théo avait .... billes.*

49 Maths Aventures (2)
Sur les pistes

Quand ta réponse est correcte, colorie l'étoile. ☆

1 ☆ Quelle est la longueur totale des pistes ?

....

2 ☆ **Calcule** la masse des 2 caisses **bleues**.

....

Longueur des pistes	
Pistes vertes	43 km
Pistes bleues	32 km
Pistes rouges	14 km

3 ☆ La caisse **rouge** pèse le double de la caisse **verte**. Quelle est sa masse ?

.... kg

4 ☆ **Dessine** un point **bleu** aux sommets des angles droits. MATÉRIEL D

Hauteur de neige	
Les marmottes	128 cm
Les coqs	190 cm
Le petit loup	195 cm

5 ☆ Six skieurs descendent de la navette. Il reste encore 38 skieurs dans cette navette. Combien de skieurs transportait-elle avant l'arrêt ?

....

6 ☆ **Range** ces hauteurs de neige de la plus haute à la plus basse.

....

Si tu as colorié 5 ou 6 étoiles, colorie la médaille d'or ; 3 ou 4 étoiles, colorie la médaille d'argent ; sinon, colorie la médaille de bronze.

50 Je fais le point (4)

Nombres et calculs

1 **Observe** et **complète**.

387	3 centaines 8 dizaines 7 unités	300 + 80 + 7
475	.... centaines .... dizaines .... unités	....
....	5 centaines 2 dizaines	....
....	.... centaines .... dizaine .... unités	400 + 9

Décomposer un nombre inférieur à 600.

2 **Relie** les étiquettes du même nombre.

cinq cent trois • cinq cent trente • trois cent quinze

315 • 503 • 530

Associer écriture chiffrée et écriture littérale.

3 **Entoure** le plus grand de ces nombres.

109 167 87

Range ces 3 nombres du plus petit au plus grand : .... < .... < ....

Comparer, ranger des nombres inférieurs à 200.

4 **Écris** en chiffres.

trois cent soixante-douze : ....

quatre cent vingt : ....

cinq cent quatre-vingt-six : ....

trois cent trois : ....

Passer de l'écriture en lettres à l'écriture en chiffres.

5 **Pose** et **effectue**.

78 + 65

c	d	u

72 + 4 + 53

c	d	u

Poser et calculer une addition avec ou sans retenue.

Espace et géométrie

6 **Observe** cette classe.

Qui est devant Julie ?

....

Qui est à droite de Kévin ?

....

Se repérer dans l'espace.

7 **Utilise** un gabarit d'angle droit. **Dessine** un point **bleu** au sommet de l'angle droit.

MATÉRIEL D

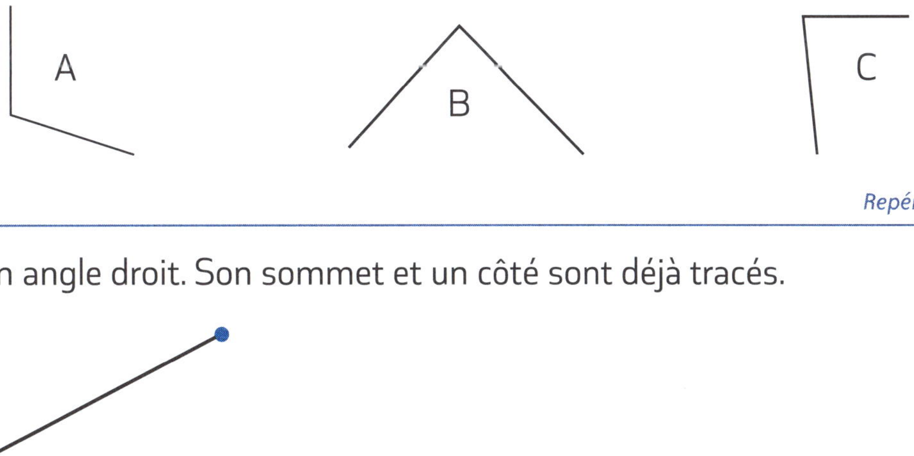

Repérer un angle droit.

8 **Dessine** un angle droit. Son sommet et un côté sont déjà tracés.

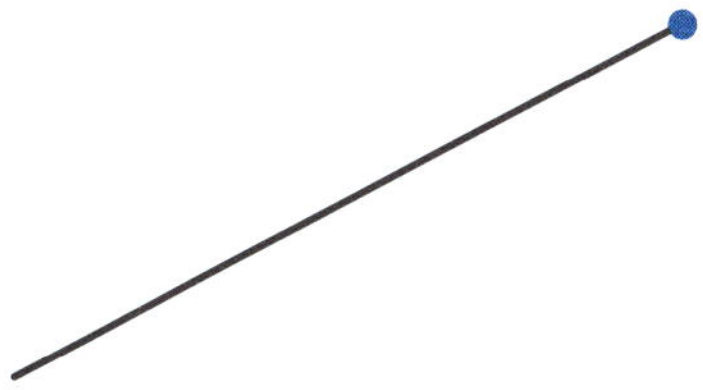

Tracer un angle droit dont le sommet et un côté sont déjà tracés.

Grandeurs et mesures

MATÉRIEL B

9 **Mesure**, avec la règle du matériel, la longueur en centimètres, de ce segment.

Mesurer une longueur.

51 Je cherche (2)

Compétence	Élaborer une stratégie.
Différenciation	Consolidation : Photofiche 45 C.

Pour gagner, il faut aligner 4 jetons **rouges** ou 4 jetons **bleus**. Tu as les jetons **rouges** et ton (ta) camarade les jetons **bleus**. C'est à toi de jouer. **Place** un jeton **rouge** pour être sûr(e) de gagner en 1 ou 2 coups.

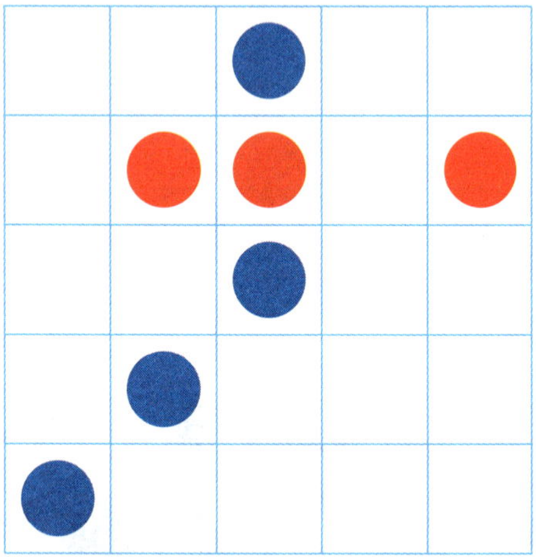

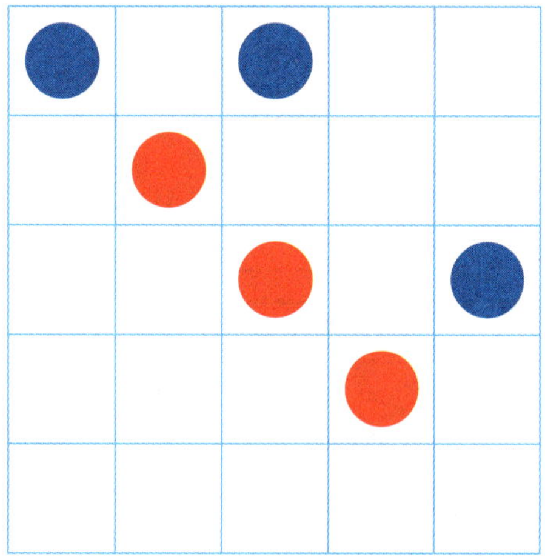

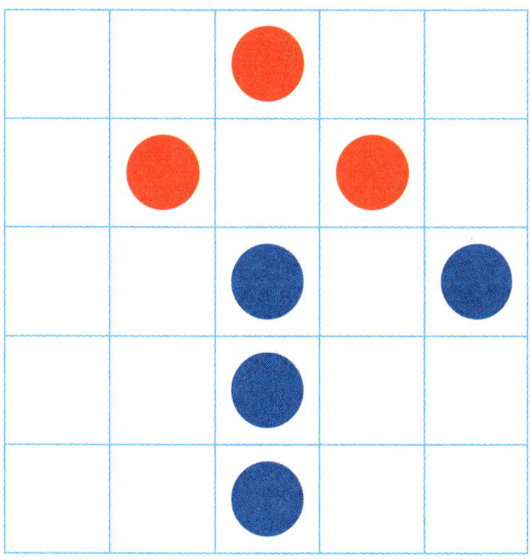

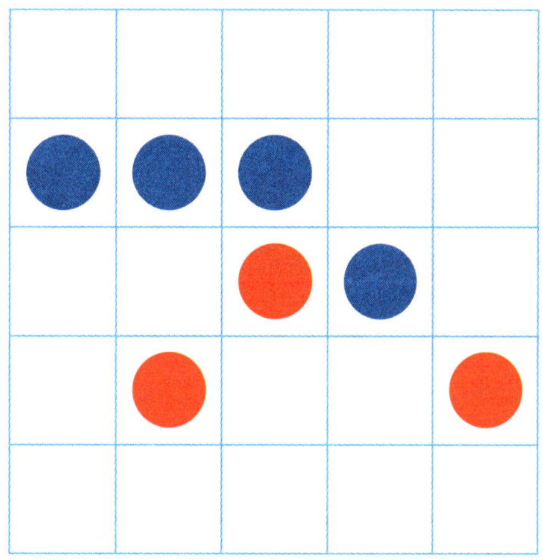

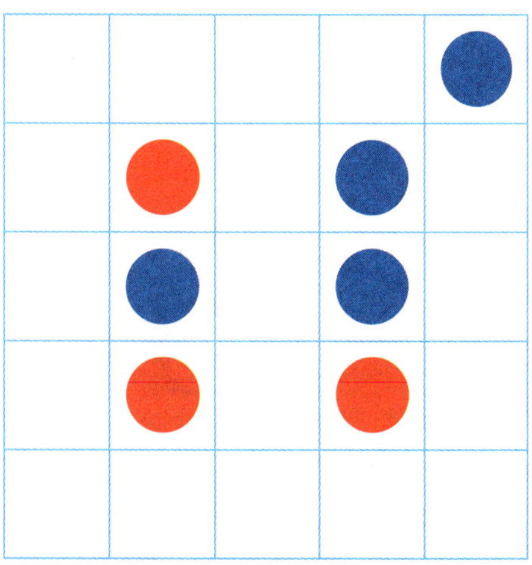

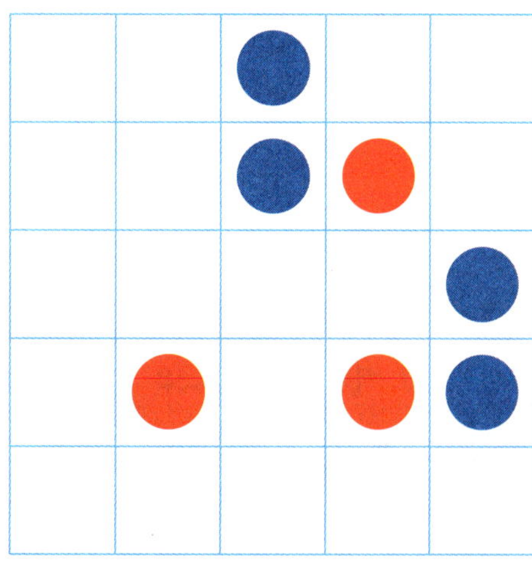

52 Calcul en ligne :
Passer la centaine (1)

Compétences	Franchir une centaine en ajoutant 1 ou 10. Utiliser les décompositions en dizaines.
Calcul mental	Dictée de nombres (nombres < 600). L'enseignant dit : « 456 » ; l'élève écrit 456.
Activité manipulatoire	Le matériel de numération.
Prérequis oral	Quel nombre vient après 99 ?
Réinvestissement	Mesurer la longueur d'un segment.
Différenciation	Consolidation : Photofiche 46 C.

Découvrons

1 Théo calcule 199 + 1. **Complète**.

199 + 1 = 100 + 99 + 1

199 + 1 = 100 + ... = ...

2 Léa calcule 196 + 10. **Complète**.

196 + 10 = 100 + 90 + 6 + 10

196 + 10 = 100 + ... + ... = ...

Je m'entraîne

3 **Entoure** les opérations qui atteignent ou dépassent la centaine qui suit.

99 + 1	189 + 1	379 + 10	499 + 10
95 + 10	87 + 10	393 + 10	479 + 10

4 **Calcule** et **complète**.

399 + 1 = 300 + 99 + 1

399 + 1 = 300 + ... = ...

299 + 1 = ...

....

5 **Calcule** et **complète**.

297 + 10 = 200 + 90 + ... + ...

297 + 10 = 200 + ... + ... = ...

192 + 10 = ...

....

6 **Mesure** la longueur du segment.

MATÉRIEL B

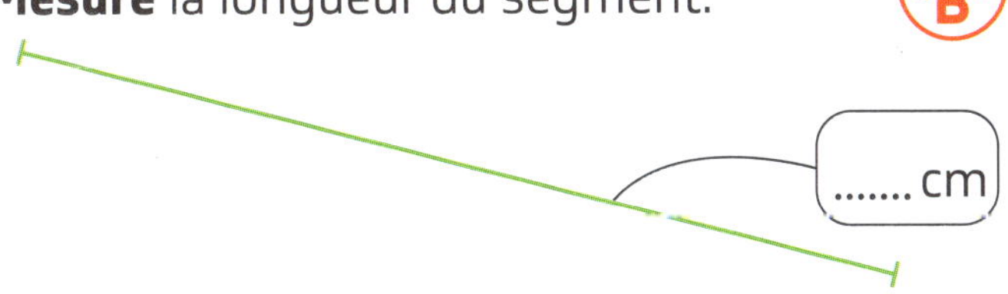

Le coin du chercheur

Complète la suite des nombres.

4	7	10	....	....

53 Comparer, ordonner les nombres jusqu'à 599

Compétences	Comparer, ordonner les nombres inférieurs à 600.
Calcul mental	Écrire le suivant (nombres < 600). L'enseignant dit : « 523 » ; l'élève écrit 524.
Activité manipulatoire	Le matériel de numération.
Prérequis oral	Quel est le plus grand de ces deux nombres : 100 ou 200 ?
Réinvestissement	Trouver le complément à la dizaine supérieure.
Différenciation	Remédiation : Photofiche 47 R.

....

Découvrons

MÉMO 6 MÉMO 7 MATÉRIEL A

1 **Écris** les nombres de jetons de Théo et de Mélissa.

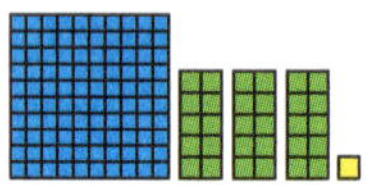

....

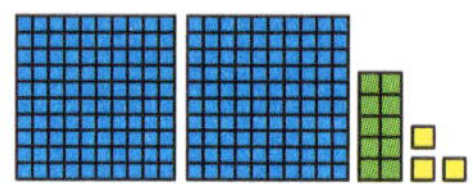

....

Compare ces nombres. .... > ....

2 **Écris** les nombres de jetons de Léa et de Boris.

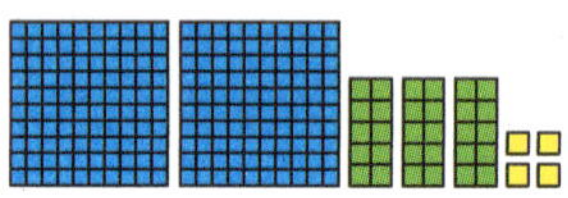

....

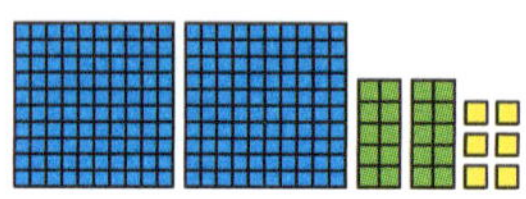

....

Compare ces nombres. .... > ....

3 **Range** les nombres de jetons de ces 4 enfants du plus grand au plus petit.

.... > .... > .... > ....

Je m'entraîne

4 **Colorie** le plus grand nombre de chaque étiquette.

400	370	560

597	650	589

456	465	445

5 **Range** ces nombres du plus grand au plus petit : 490 ; 500 ; 378 ; 380.

.... > .... > .... > ....

6 **Complète**. 38 + ... = 40 | 55 + ... = 60 | 64 + ... = 70

54 Intercaler, encadrer les nombres jusqu'à 599

Compétences	Intercaler, encadrer un nombre inférieur à 600.
Calcul mental	Écrire le plus grand de deux nombres (nombres < 600). L'enseignant écrit : 376 et 401 ; l'élève écrit 401.
Activité manipulatoire	Jeu des étiquettes.
Prérequis oral	24 s'intercale-t-il entre 20 et 30 ou entre 30 et 40 ?
Réinvestissement	Identifier un angle droit.
Différenciation	Remédiation : Photofiche 48 R.

....

Découvrons

1 **Relie** les étiquettes aux livres rangés sur l'étagère.

MÉMO 7

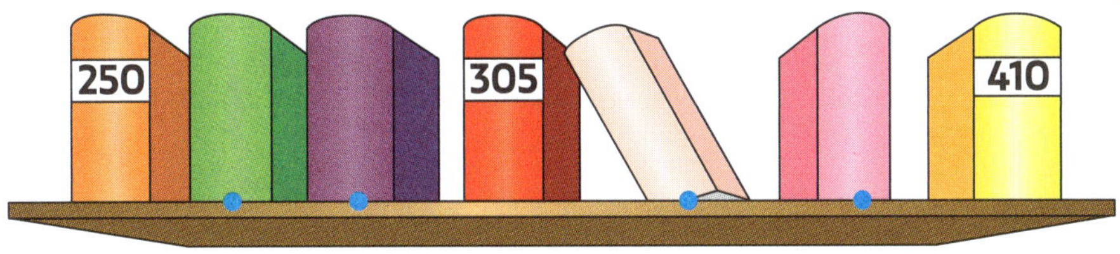

300 | 315 | 260 | 360

Quand 2 nombres s'intercalent entre 2 autres nombres, place-les dans l'ordre.

2 Parmi les nombres 200 ; 250 ; 300, **trouve** les deux nombres les plus proches qui encadrent 287. **Complète** : .... < 287 < ....

Je m'entraîne

3 **Relie** chaque étiquette à sa place sur la droite graduée.

204 | 218 | 214 | 245

4 Parmi les nombres : 220 ; 230 ; 240, **trouve** les deux nombres les plus proches qui encadrent 226. **Aide**-toi de la droite graduée ci-dessus.

Complète. .... < 226 < ....

5 **Dessine** un point bleu sur le sommet des angles droits.

MATÉRIEL D

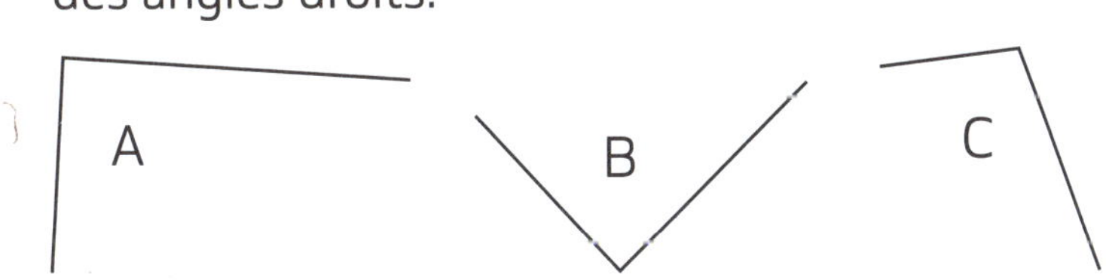

Le coin du chercheur

Combien de triangles comptes-tu ?

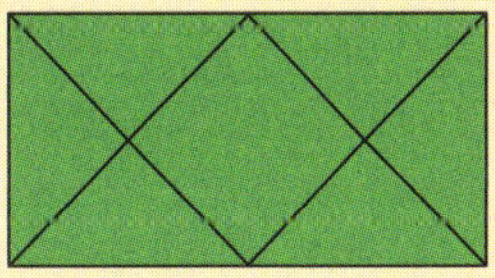

....

55 Poser une addition avec retenue (2)

....	....	....	....	....

Compétences	Poser et effectuer une addition de trois nombres avec retenue.
Calcul mental	Écrire le précédent (nombres < 600). L'enseignant dit : « 345 » ; l'élève écrit 344.
Activité manipulatoire	Le matériel de numération.
Prérequis oral	Sur une ligne d'un tableau de numération, peut-on écrire 2 chiffres dans une colonne ?
Réinvestissement	Mesurer la longueur d'un segment.
Différenciation	Remédiation : Photofiche 49 R.

Découvrons

1 Théo et Léa calculent 139 + 7 + 78. **Complète**.

Je commence par les unités :
9 + 7 + 8 = 24.
24 c'est 2 dizaines et 4 unités.
La retenue est (2) dizaines.

	c	d	u
	◯	(2)	
	1	3	9
+			7
+		7	8
=	......	......	~~2~~4

MÉMO 10 — MATÉRIEL B

Je n'oublie pas d'ajouter les retenues.

139 + 7 + 78 = ...

Je m'entraîne

2 **Calcule**.

Attention, la retenue n'est pas toujours 1.

	c	d	u
	◯	◯	
	2	7	8
+	1	5	4
+		8	3
=	......	......	......

	c	d	u
	◯	◯	
	4	0	9
+			7
+		8	6
=	......	......	......

	c	d	u
	◯	◯	
	2	9	8
+		8	7
+	1	4	6
=	......	......	......

3 **Pose** et **calcule**.

199 + 125 + 258 — c d u

52 + 373 + 84 — c d u

187 + 64 + 279 — c d u

4 **Mesure** la longueur de ce segment. MATÉRIEL B

...... cm

56 Calcul en ligne : Retrancher des dizaines entières

Compétence	Retrancher des dizaines à un nombre de 2 chiffres.
Calcul mental	Sommes de deux nombres de deux chiffres (sommes des unités < 10). L'enseignant écrit : 32 + 25 ; l'élève écrit 57.
Activité manipulatoire	Le matériel de numération.
Prérequis oral	J'ai 20 bonbons, j'en mange 10, combien m'en reste-t-il ?
Réinvestissement	Tracer un angle droit.
Différenciation	Remédiation : Photofiche 50 R.

....

Découvrons

MÉMO 11 — MATÉRIEL A

1 Léa calcule 70 – 30.

70 – 30 = 7 dizaines – 3 dizaines

70 – 30 = ... dizaines

70 – 30 = ...

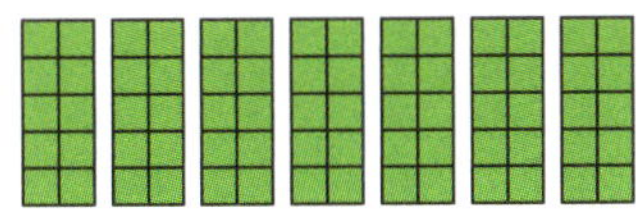

2 Mélissa calcule 76 – 30.

76 – 30 = ...

Je m'entraîne

3 **Calcule.**

60 – 20 = ...
65 – 20 = ...

80 – 30 = ...
83 – 30 = ...

70 – 50 = ...
76 – 50 = ...

90 – 40 = ...
92 – 40 = ...

4 PROBLÈME Malika a 46 billes. À la récréation, elle en perd 20.
Combien de billes lui reste-t-il ?

....

....

Il lui reste .... billes.

5 **Trace** un angle droit. Son sommet et un côté sont déjà tracés.

MATÉRIEL D

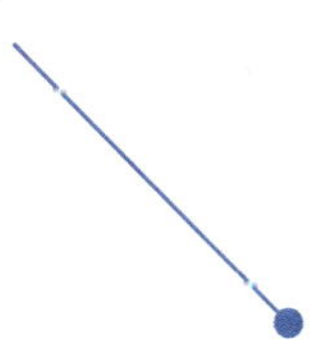

Le coin du chercheur

Dans quel sens faut-il tourner la manivelle pour sortir l'eau du puits ?
Colorie la flèche.

57 Identifier un triangle rectangle

Compétences	Identifier un triangle rectangle en utilisant un gabarit d'angle droit. Identifier le sommet de son angle droit.
Calcul mental	Compter de 5 en 5. L'enseignant écrit : 25, 30, 35 ; l'élève écrit 40.
Activité manipulatoire	Les triangles jumeaux.
Prérequis oral	Qu'utilise-t-on pour vérifier qu'un angle est droit ?
Différenciation	Remédiation : Photofiche 51 R.

Découvrons

1 **Utilise** le gabarit d'angle droit de la page matériel D pour trouver les triangles rectangles.
Dessine un point **bleu** au sommet de leur angle droit.

MATÉRIEL D

MÉMO 15

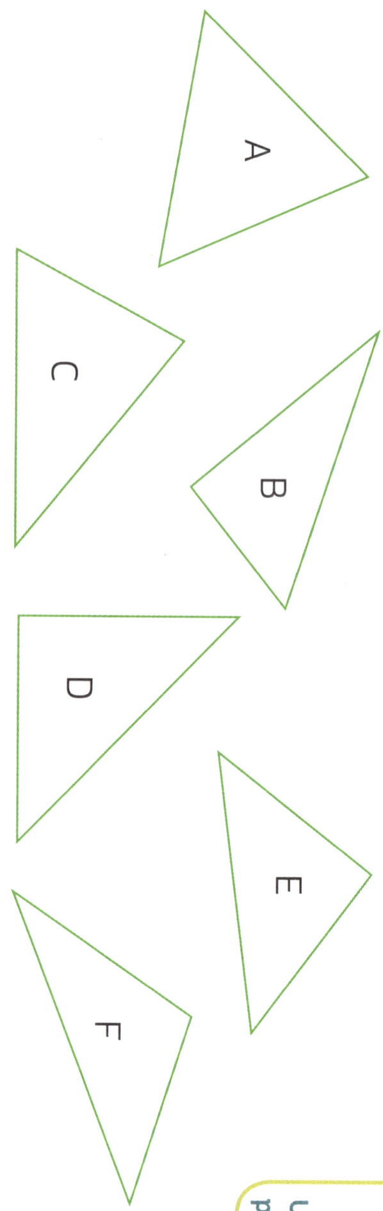

Je m'entraîne

2 **Utilise** le gabarit d'angle droit de la page matériel D pour trouver les triangles rectangles.
Dessine un point **bleu** au sommet de leur angle droit.

MATÉRIEL D

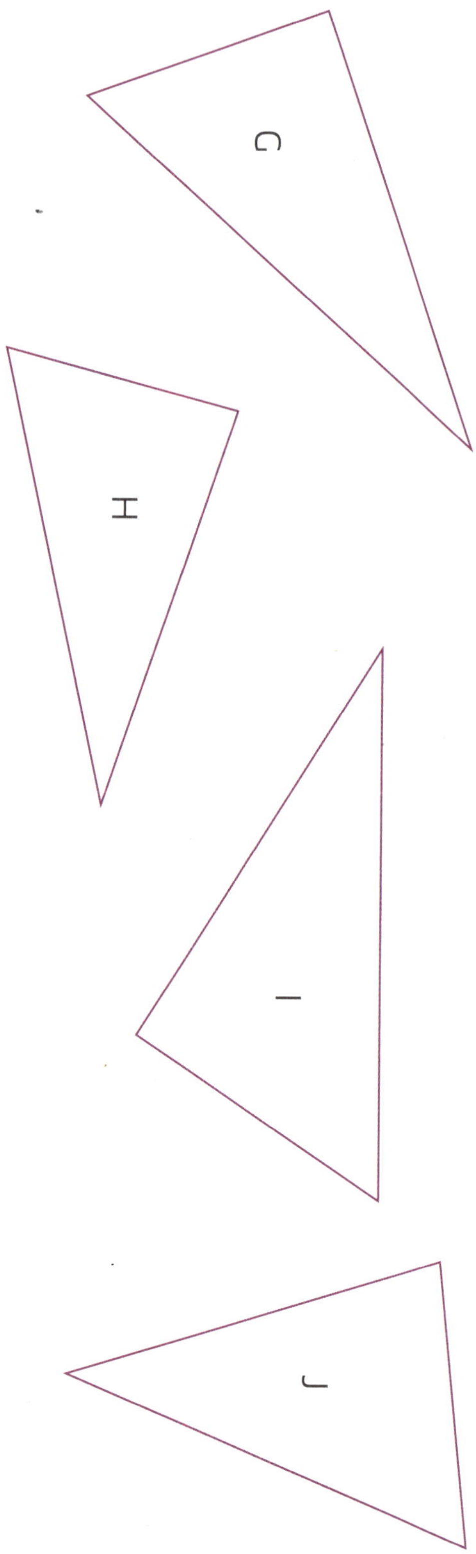

58 Tracer un triangle rectangle (1)

Compétence	Tracer un triangle rectangle sur papier uni ou quadrillé sans contrainte de dimensions.
Calcul mental	Ajouter 5 à un nombre terminé par 5. L'enseignant écrit : 25 + 5 ; l'élève écrit 30.
Activité manipulatoire	De l'angle droit au triangle rectangle.
Prérequis oral	À quoi reconnais-tu un triangle rectangle ?
Différenciation	Consolidation : Photofiche 52 C.

Découvrons

MÉMO 15 — MATÉRIEL D

1 **Termine** ces 2 triangles rectangles. Le trait **bleu** est un des côtés de leur angle droit.
Le point **bleu** est le sommet de leur angle droit.

Je m'entraîne

2 **Termine** ces 3 triangles rectangles. Le trait **bleu** est un des côtés de leur angle droit.
Le point **bleu** est le sommet de leur angle droit.

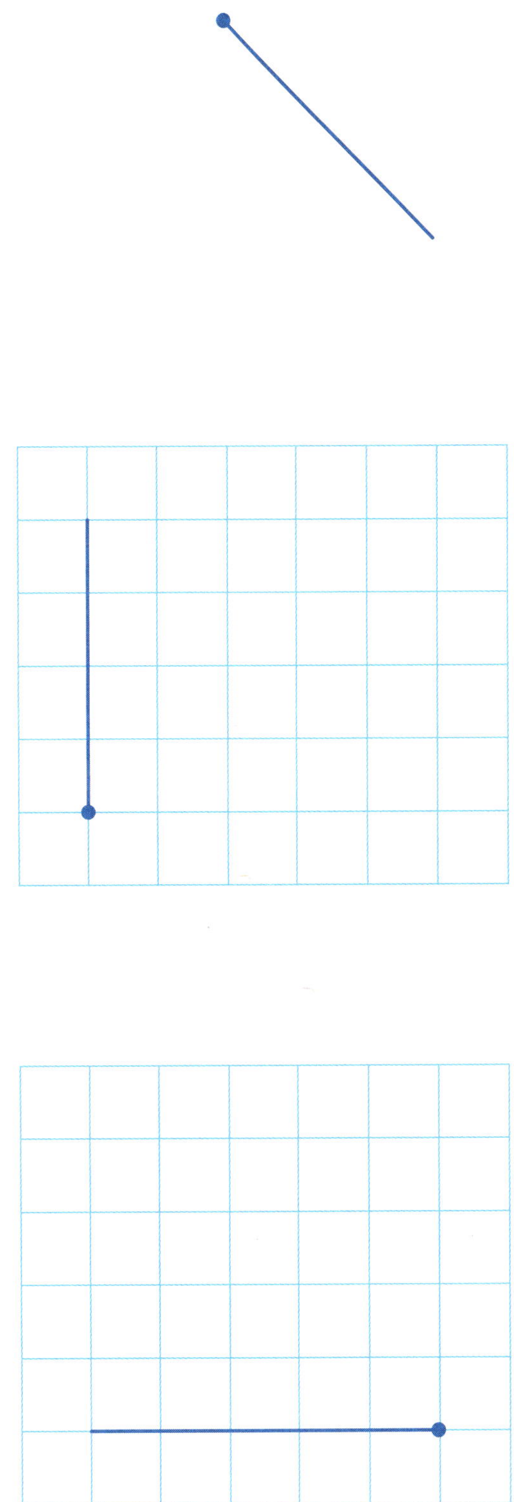

59 Calcul en ligne : Retrancher un nombre de deux chiffres

Compétence	Retrancher un nombre de deux chiffres.
Calcul mental	Retrancher un petit nombre. L'enseignant écrit : 26 – 4 ; l'élève écrit 22.
Activité manipulatoire	Le matériel de numération.
Prérequis oral	Calculez 35 – 20.
Réinvestissement	Identifier un triangle rectangle.
Différenciation	Remédiation : Photofiche 53 R.

....

Découvrons

1 Léa calcule 48 – 25. **Observe** et **complète**.

MÉMO 11 MATÉRIEL A

25 = 20 + 5
Je retranche d'abord 20, puis 5.

48 – 20 = ...

.... – .... = ...

48 – 25 = ...

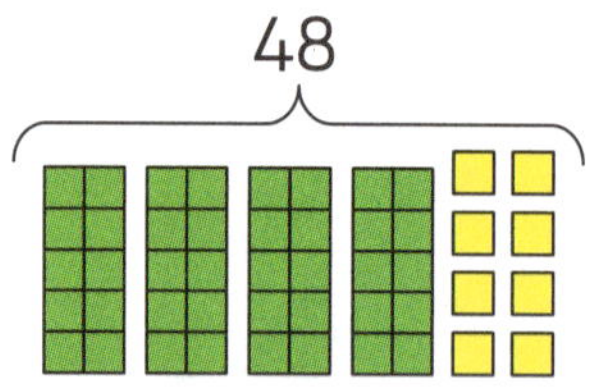

48 – 25 = ...

Vérifie avec ton matériel de numération.

Je m'entraîne

2 **Calcule**.

36 – 23	45 – 14	56 – 32
36 – 20 = ...	45 – 10 = ...	56 – 30 = ...
.... – 3 = ...	.... – 4 = ...	.... – 2 = ...
36 – 23 = ...	45 – 14 = ...	56 – 32 = ...

Écris les mêmes nombres dans les zones de même couleur.

3 PROBLÈME Un bus transporte 45 passagers.
Au premier arrêt, 25 passagers descendent.
Combien de passagers reste-t-il dans le bus ?

....

Il reste .... passagers dans le bus.

4 **Colorie** le triangle rectangle.

MATÉRIEL D

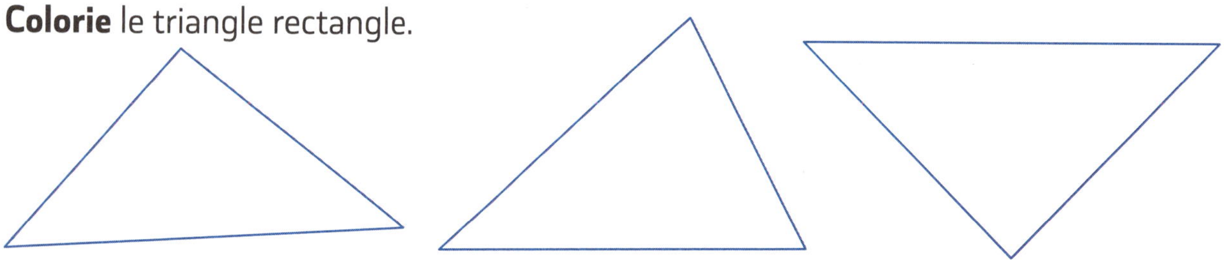

60 Identifier un axe de symétrie

Compétence	Utiliser le pliage pour identifier un axe de symétrie.
Calcul mental	Sommes de nombres terminés par 5. L'enseignant écrit : 35 + 15 ; l'élève écrit 50.
Activité manipulatoire	Pliage.
Prérequis oral	Pourquoi dit-on que les deux ailes d'un papillon sont symétriques ?
Différenciation	Remédiation : Photofiche 54 R.

Découvrons

1 **Découpe** les figures A, B et C de la page matériel D.
Trouve, par pliage, les axes de symétrie lorsqu'ils existent. **Trace**-les en **rouge**.
Colle les trois figures ci-dessous.

MATÉRIEL D

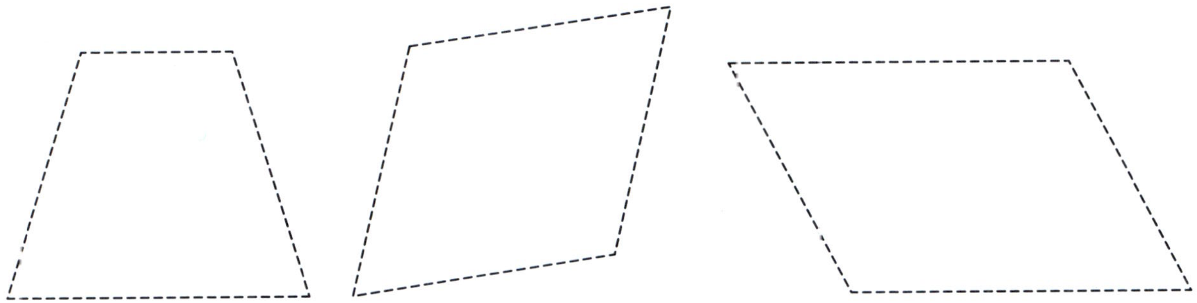

Si les deux parties se superposent parfaitement, le pli est un axe de symétrie de la figure.

Je m'entraîne

2 **Observe** chaque figure.

MATÉRIEL D

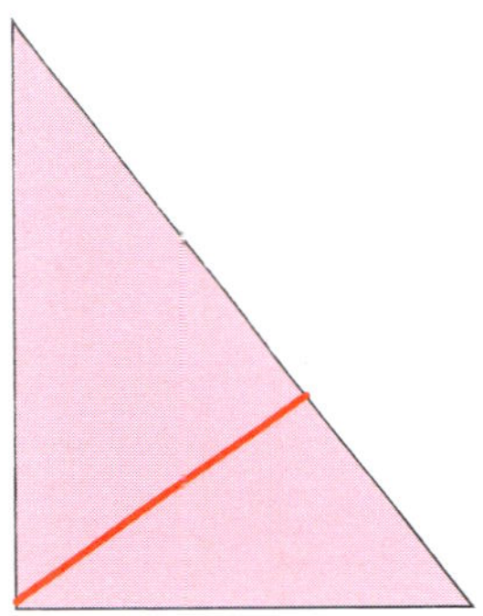

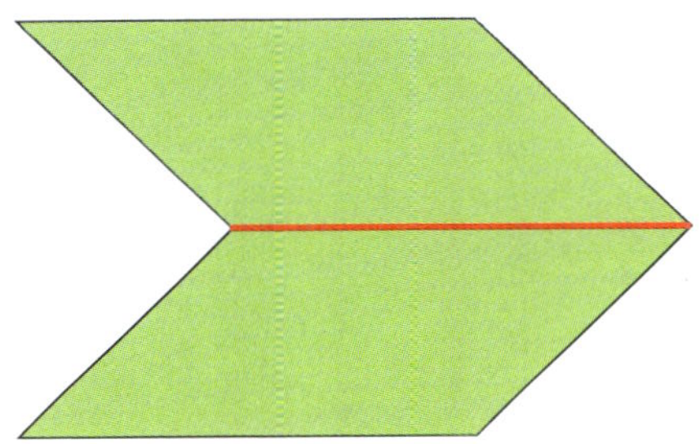

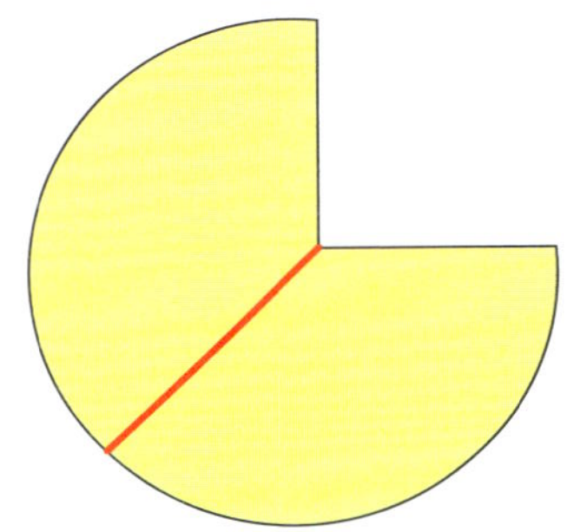

Le trait **rouge** est-il axe de symétrie ?

☐ oui ☐ non ☐ oui ☐ non ☐ oui ☐ non

Vérifie, par pliage, en utilisant les figures D, E et F de la page matériel D.

61 Lire, écrire, décomposer les nombres jusqu'à 999

....	....	....	....	....

Compétences	Lire, écrire, décomposer les nombres inférieurs à 1 000.
Calcul mental	Retrancher 10 à un nombre de dizaines. L'enseignant écrit : 40 – 10 ; l'élève écrit 30.
Activité manipulatoire	Jeu des boîtes c, d, u.
Prérequis oral	Quel est le nombre qui correspond à 3 c ?
Réinvestissement	Comparer les nombres jusqu'à 599.
Différenciation	Remédiation : Photofiche 55 R.

Découvrons

MÉMO 5 MÉMO 8

1 Théo compte des crayons.
Écris ce nombre dans le tableau de numération, puis **complète**.

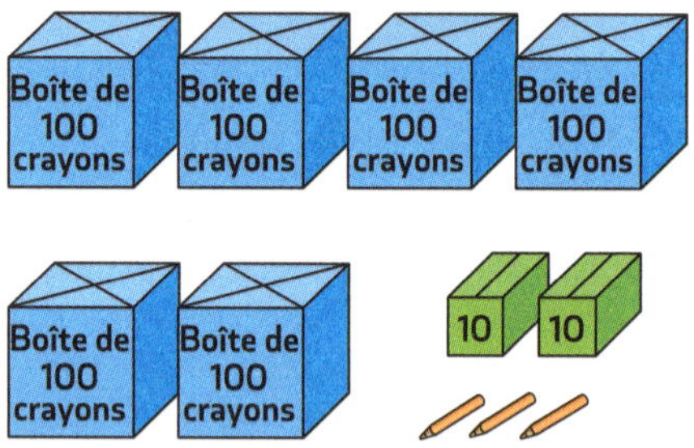

c	d	u
....	....	....

Théo compte .... crayons.

.... = ... c .... d .... u

.... = 600 + ... + ...

2 Léa a compté **sept cent neuf** feutres. **Écris** ce nombre en chiffres : ....

Je m'entraîne

3 **Colorie** les étiquettes égales au nombre de crayons.

743 | 734 | 437

sept cent quarante-trois | quatre cent trente-sept | sept cent trente-quatre

4 Nori possède 860 images ; Lucas en possède 806.
Écris ces nombres dans le tableau, puis **complète**.

860 = ... c .... d .... u

860 = 800 + ...

806 = ... c .... d .... u

806 = ... + ...

c	d	u
....	....	....
....	....	....

5 **Colorie** le plus grand nombre de chaque étiquette.

409	500

558	588

480	388

62 Problèmes : Se repérer sur un plan

....

Compétences	S'orienter et se déplacer en utilisant des repères.
Calcul mental	Retrancher des dizaines à un nombre de dizaines. L'enseignant écrit : 50 – 20 ; l'élève écrit 30.
Activité manipulatoire	Dans la cour de l'école.
Prérequis oral	Avez-vous déjà vu le plan d'une ville ? d'un quartier ?
Différenciation	Consolidation : Photofiche 56 C.

1 **Observe** le plan du village de Léa et de Théo.

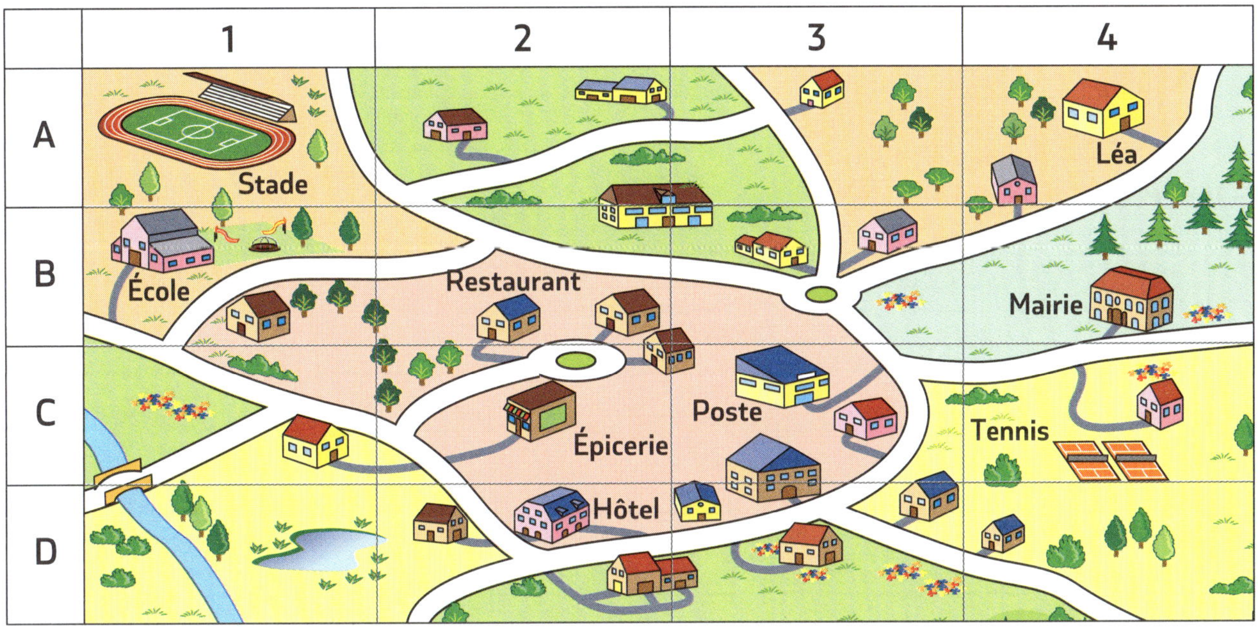

La maison de Léa est dans la case (A ; 4).

Que trouve-t-on :

– dans la case (B ; 1) ? ....

– dans la case (C ; 3) ? ....

Dans quelle case se trouve :

– la mairie ? (........ ; ....)

– l'épicerie ? (........ ; ....)

Léa va à l'école en passant devant l'hôtel. **Trace** son chemin.

2 Sur le plan, que trouve-t-on dans la case (C ; 4) ? ....

Dans quelle case se trouve :

– le restaurant ? (........ ; ....)

– l'hôtel ? (........ ; ....)

3 Théo habite la maison située dans la case (A ; 3). **Entoure**-la.
Théo va à l'école en empruntant le chemin le plus court. **Trace**-le.

63 Je fais le point (5)

Nombres et calculs

1 **Écris** ces nombres du plus grand au plus petit : 340 ; 425 ; 99 ; 452.

.... > .... > .... > ....

Comparer, ordonner des nombres inférieurs à 600.

2 **Complète** avec un de ces nombres : 367 ; 219 ; 346.

250 < .... < 350

Intercaler un nombre.

3 **Observe** et **complète**.

785	7 centaines 8 dizaines 5 unités	700 + 80 + 5
674	.... centaines .... dizaines .... unités	....
....	8 centaines 3 dizaines	....
....	.... centaines .... dizaine .... unités	900 + 8

Décomposer un nombre inférieur à 1 000.

4 **Colorie** de la même couleur les étiquettes du même nombre.

760 | 607 | 706

six cent sept | sept cent six | sept cent soixante

Associer écriture chiffrée et écriture littérale.

5 **Pose** et **calcule**.

273 + 156 + 79

	c	d	u

234 + 93 + 385

	c	d	u

Poser et calculer une addition avec retenue.

6 **Calcule** sans poser l'opération.

45 – 30 = ... | 73 – 50 = ...

Soustraire des dizaines entières.

7 **Calcule** sans poser l'opération.

47 – 24

47 – 20 = ...

.... – 4 = ...

47 – 24 = ...

58 – 32

58 – 30 = ...

.... – 2 = ...

58 – 32 = ...

Soustraction en ligne : retrancher un nombre de 2 chiffres.

Espace et géométrie

8 PROBLÈME **Indique** la case où se trouve l'école.

(........ ; ....)

Que trouve-t-on en :

(B ; 1) ? ....

(C ; 3) ? ....

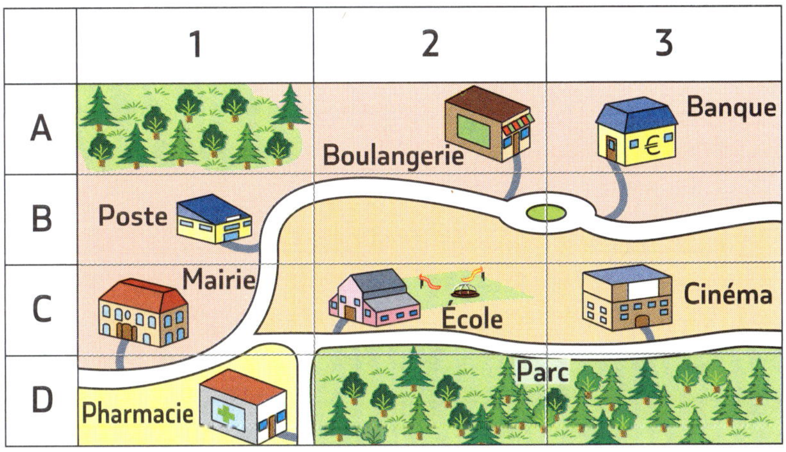

Se repérer sur un plan.

9 **Colorie** le triangle rectangle.
Dessine un point **bleu** au sommet de l'angle droit.

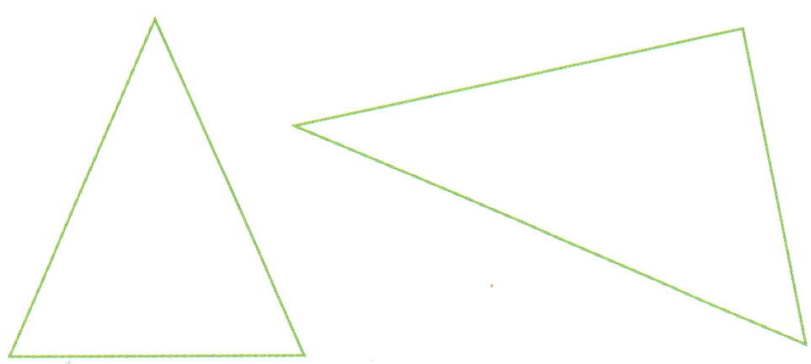

Identifier un triangle rectangle.

10 **Repasse** en **rouge** les droites pointillées qui sont axes de symétrie.

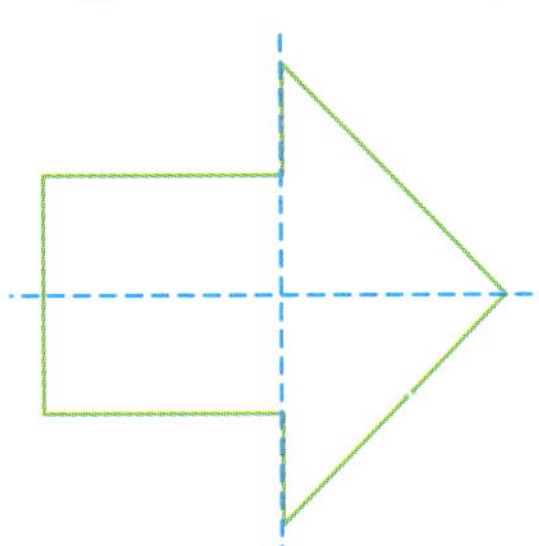

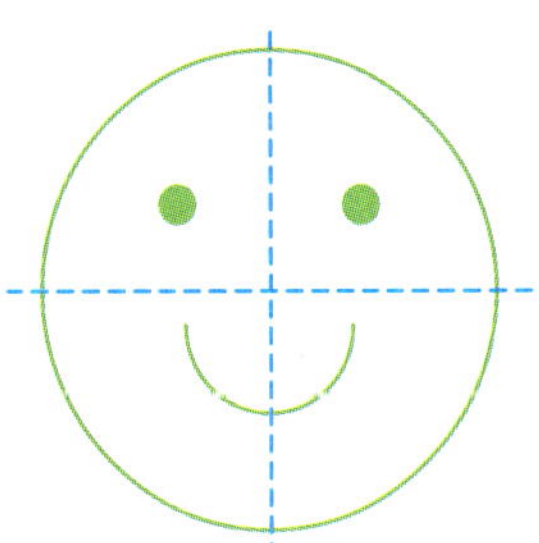

Identifier un axe de symétrie.

64 Lire l'heure (1)

Compétence	Lire les heures entières et les demi-heures.
Calcul mental	Dictée de nombres (nombres < 999). L'enseignant dit : « 765 » ; l'élève écrit 765.
Activité manipulatoire	L'horloge en carton.
Prérequis oral	Sur une horloge à aiguilles, quelle est l'aiguille qui indique les heures ?
Réinvestissement	Connaître la décomposition des nombres.
Différenciation	Remédiation : Photofiche 57 R.

Découvrons

1 **Observe** et **écris** l'heure indiquée par chaque horloge.

MATÉRIEL C

Lorsque la petite aiguille se trouve entre 9 et 10 et la grande aiguille sur le 6, il est 9 h 30 ou 9 heures et demie.

9 h 30 ....

Je m'entraîne

2 **Relie** chaque horloge au réveil qui indique la même heure.

10 : 30, c'est 10 h 30.

3 Les horloges indiquent les horaires de la piscine. **Complète**.

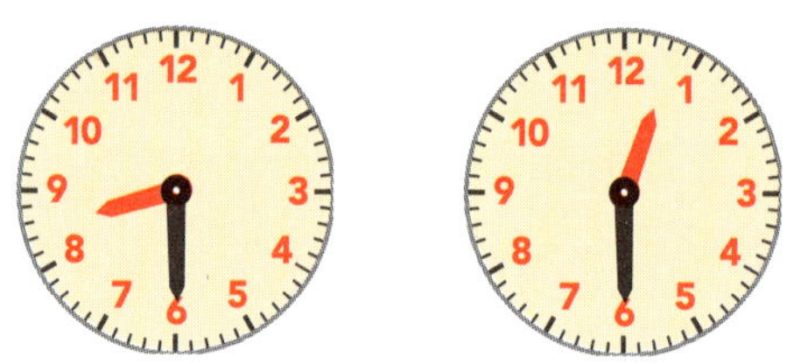

....

4 **Colorie** chaque valise de la couleur de son propriétaire.

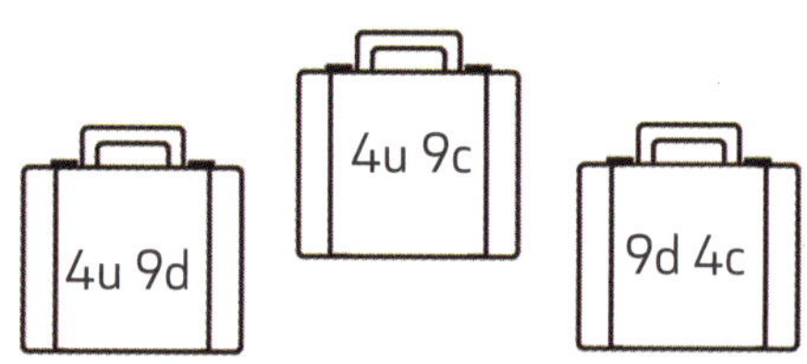

65 Reproduire une figure sur quadrillage (2)

Compétence	Reproduire une figure géométrique sur quadrillage en repérant les nœuds.
Calcul mental	Retrancher 10 à un nombre de deux chiffres. L'enseignant écrit : 35 – 10 ; l'élève écrit 25.
Activité manipulatoire	Placer des points sur un quadrillage. Tracer des obliques.
Prérequis oral	Quand on reproduit une figure, doit-elle être exactement la même que le modèle ?
Différenciation	Remédiation : Photofiche 58 R.

Découvrons

1 **Aide** Mélissa à reproduire le dessin.
Place les points importants en comptant les carreaux.
Relie les points à la règle au fur et à mesure que tu les places.

Je compte les carreaux pour marquer les points importants.

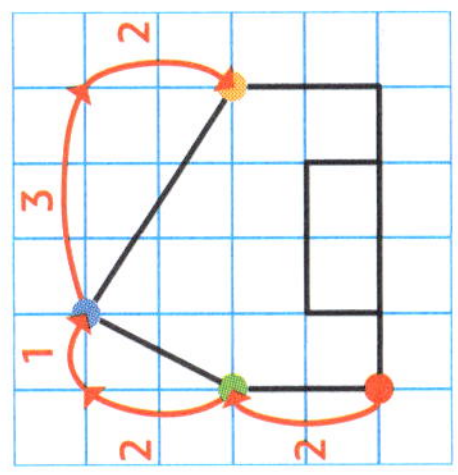

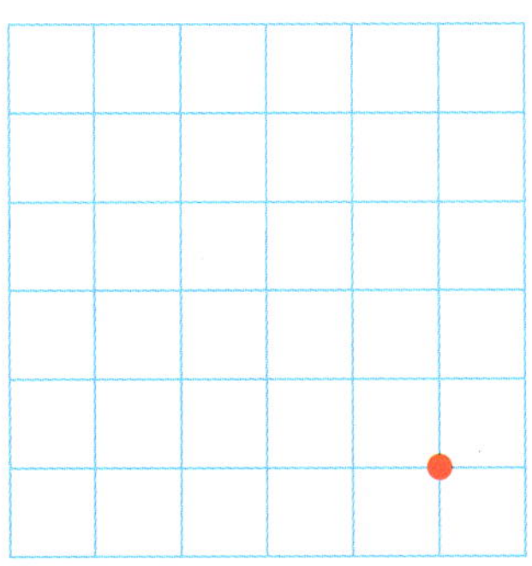

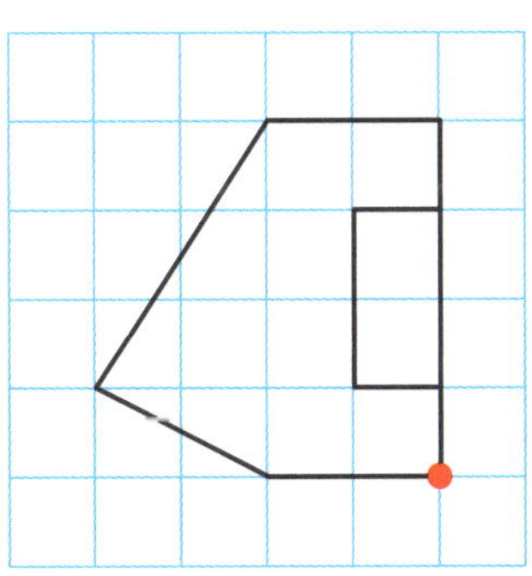

Je m'entraîne

2 **Reproduis** le dessin. **Trace** les traits à la règle.

Marque les points importants avec des couleurs différentes. Relie-les au fur et à mesure.

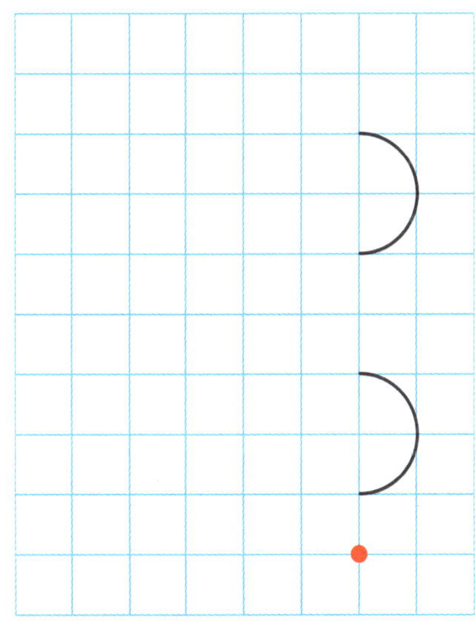

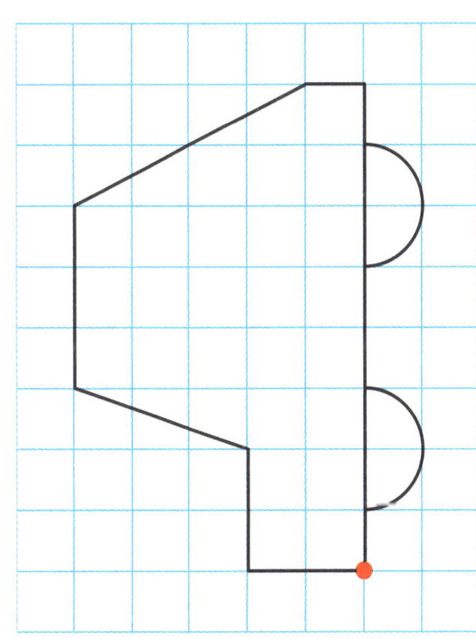

66 Mesurer une longueur avec la règle graduée de la trousse

Compétence	Utiliser la règle graduée de la trousse pour mesurer des longueurs en centimètres.
Calcul mental	Retrancher des dizaines à un nombre de deux chiffres. L'enseignant écrit : 67 – 20 ; l'élève écrit 47.
Activité manipulatoire	Comparer différentes règles graduées.
Prérequis oral	Sortez votre règle graduée de la trousse. À quoi sert-elle ?
Réinvestissement	Écriture littérale des nombres.
Différenciation	Remédiation : Photofiche 59 R.

Découvrons

MÉMO 13 MATÉRIEL B

1 **Compare** la règle graduée de la page matériel B à celle de ta trousse.
Sur la règle de ta trousse, la graduation zéro est-elle au bord ? ☐ oui ☐ non

2 **Entoure** l'enfant qui mesure correctement le segment **rouge**.

Complète. *Le segment rouge mesure .... cm.*

Je m'entraîne

3 **Entoure** l'enfant qui mesure correctement le segment **bleu**.

Complète. *Le segment bleu mesure .... cm.*

4 **Mesure**, puis **complète**.

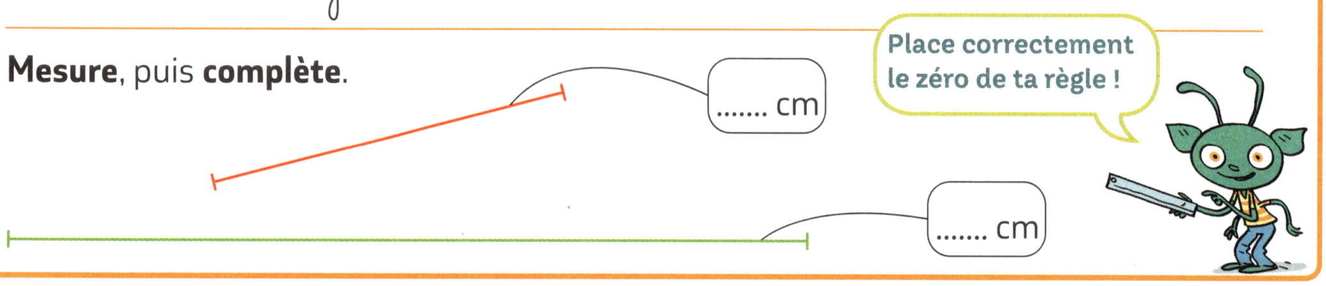

5 **Écris** en lettres.

125 : .... 230 : ....

67 Découvrir le signe × de la multiplication

Compétence	Associer un tableau rectangulaire à un produit.
Calcul mental	Retrancher un nombre de deux chiffres à un nombre de deux chiffres. L'enseignant écrit : 38 – 15 ; l'élève écrit 23.
Activité manipulatoire	Reconnaître le bon quadrillage.
Prérequis oral	Expliquez : « Dans le jardin, les herbes se sont multipliées. »
Réinvestissement	Lire les heures et les demi-heures.
Différenciation	Remédiation : Photofiche 60 R.

....

Découvrons

1 Mélissa veut connaître le nombre de carreaux du tapis.
Écris le nombre de carreaux sur chaque côté du tapis.

Le nombre de carreaux du tapis peut s'écrire avec une multiplication : 6 × 4 ou 4 × 6.
On dit : 6 multiplié par 4 ou 4 multiplié par 6.

....

....

Entoure le rectangle qui permet de trouver le nombre de carreaux du tapis.

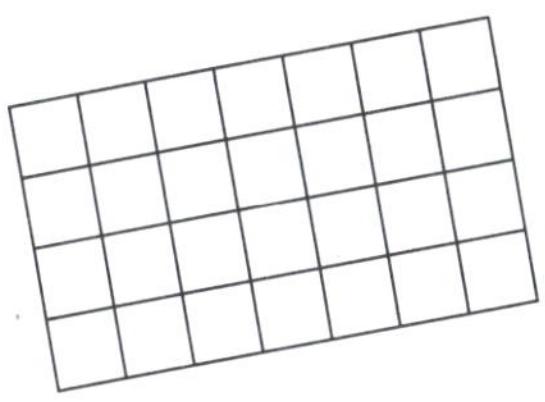

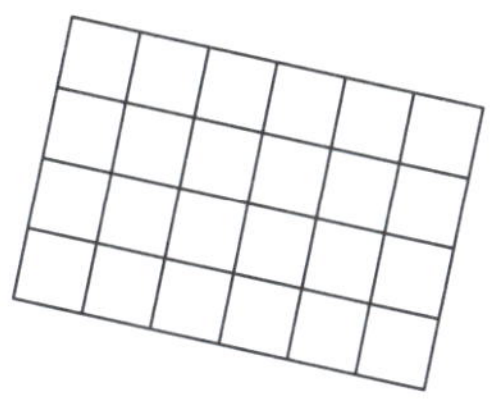

Compte ses carreaux et **complète**.

Le tapis possède .... carreaux.

4 × 6 = 6 × 4 = ...

Je m'entraîne

2 Quel est le nombre de carrés de chocolat ? **Complète**.

.... × .... = ... × .... = ...

.... × .... = ... × .... = ...

.... × .... = ...

3 PROBLÈME **Écris** le nombre de carreaux du tapis.

.... × .... = ... × .... = ...

Le tapis possède .... carreaux.

4 **Écris** les heures.

....

....

....

68 Lire l'heure (2)

Compétences	Lire les heures du matin et celles du soir.
Calcul mental	Tables d'addition. L'enseignant dit : « 8 + 9 » ; l'élève écrit 17.
Activité manipulatoire	L'horloge en carton.
Prérequis oral	Une montre indique 16:30. Est-ce le matin ou l'après-midi ?
Réinvestissement	Retrancher des dizaines entières.
Différenciation	Consolidation : Photofiche 61 C.

....

Découvrons

1 **Observe** et **complète**.

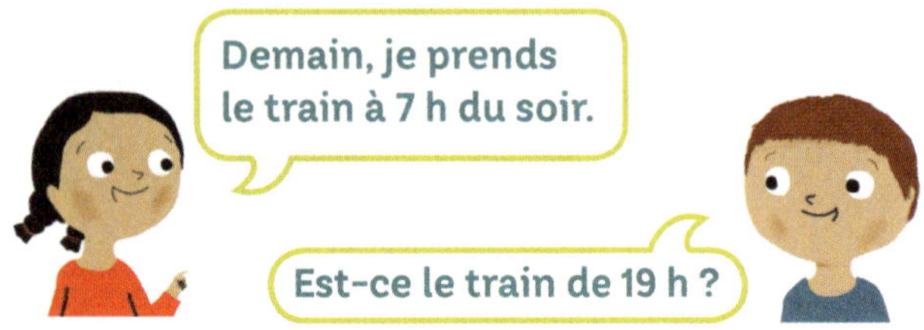

matin

soir

MATÉRIEL C

.... h —12 h→ .... h

Pour passer de l'heure du matin à l'heure du soir, on ajoute .... heures.

Je m'entraîne

2 **Écris** l'heure du matin et celle du soir.

matin .... h ....

soir .... h ....

matin .... h ....

soir .... h ....

matin .... h ....

soir .... h ....

3 **PROBLÈME**

Films	Horaires
① *Fantômes !*	16 h 00
② *Les Choupinettes*	18 h 00
③ *La Fée Zorzine*	21 h 00

Quelle heure est-il ? *Il est* ....

Quel film Mélissa peut-elle encore voir ce soir ? *Elle peut voir le film numéro* ....

4 **Complète**.

50 – 10 = ...

40 – 30 = ...

60 – 20 = ...

54 – 10 = ...

46 – 30 = ...

67 – 20 = ...

69 Tracer un segment de longueur donnée

Compétence	Tracer un segment de longueur donnée.
Calcul mental	Ajouter 100 à un nombre de 3 chiffres. L'enseignant écrit : 234 + 100 ; l'élève écrit 334.
Activité manipulatoire	Jeux avec la règle graduée.
Prérequis oral	Combien mesurent 5 carreaux de votre cahier ?
Différenciation	Consolidation : Photofiche 62 C.

Découvrons

MÉMO 13

1 **Observe** comment Mélissa trace un segment de 4 cm de longueur.

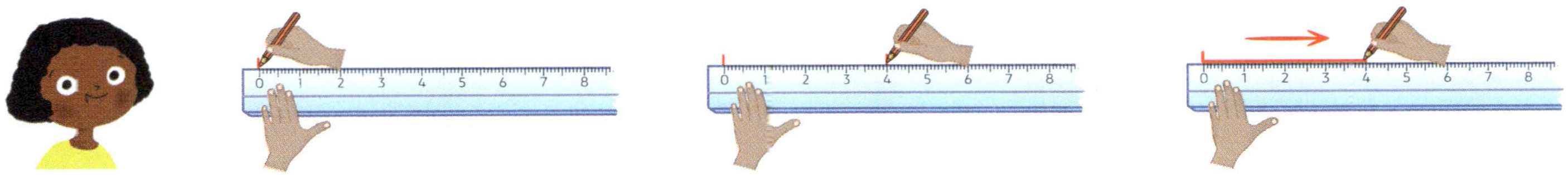

Trace un segment de 12 cm de longueur.

Prolonge le segment **bleu** pour qu'il mesure 9 cm de longueur.

Je m'entraîne

2 **Trace** les tiges de la longueur indiquée.

3 **Prolonge** les segments.

70 Calculer un produit en utilisant un tableau rectangulaire

Compétence	Calculer des petits produits en utilisant des tableaux rectangulaires.
Calcul mental	Lire l'heure. L'enseignant montre 9 h sur le cadran de l'horloge ; l'élève écrit 9 h.
Activité manipulatoire	Tracer et découper des rectangles dans différents supports quadrillés.
Prérequis oral	Calculez : 1 × 1, puis 2 × 1.
Réinvestissement	Lire les heures du matin et du soir.
Différenciation	Consolidation : Photofiche 63 C.

Découvrons

1 **Calcule** ces produits en dessinant les rectangles sur les quadrillages, puis en comptant les carreaux.

3 × 4 = 4 × 3 = ...

5 × 4 = 4 × 5 = ...

Je m'entraîne

2 **Calcule** ces produits en dessinant les rectangles sur les quadrillages, puis en comptant les carreaux.

3 × 2 = 2 × 3 = ...

5 × 3 = 3 × 5 = ...

3 PROBLÈME Théo a rangé ses timbres.

Calcule ce produit en t'aidant du quadrillage.

Complète. *Théo possède .... timbres.*

4 **Écris** l'heure du matin et celle du soir.

matin .... h ....

soir .... h ....

matin .... h ....

soir .... h ....

71 Payer avec la monnaie

Compétence	Utiliser la monnaie en euros et centimes d'euro.
Calcul mental	Ajouter un petit nombre avec passage de la dizaine. L'enseignant écrit : 37 + 4 ; l'élève écrit 41.
Activité manipulatoire	Le jeu du marchand.
Prérequis oral	Quelles pièces et quels billets connaissez-vous ?
Réinvestissement	Calculer une addition posée.
Différenciation	Consolidation : Photofiche 64 C.

....

Découvrons

1 Mélissa, Théo et Léa ont-ils la même somme d'argent ? ☐ oui ☐ non (MÉMO 14)

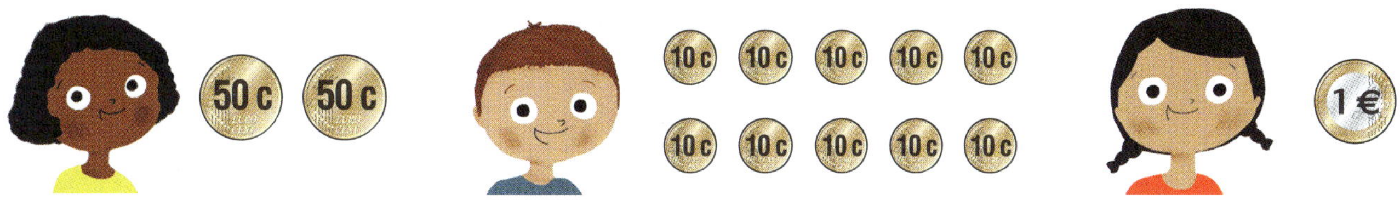

Complète. 50 c + 50 c = ... c = ... €

2 **Entoure** les pièces et billets que tu dois donner pour payer cette montre.

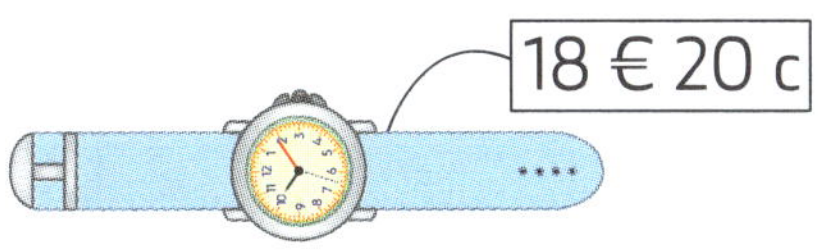

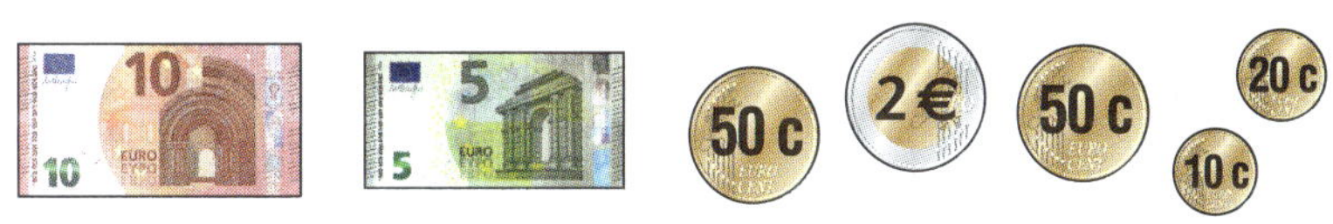

Je m'entraîne

3 **Colle** les pièces pour payer cette figurine.

4 **Entoure** la monnaie pour payer cette trottinette.

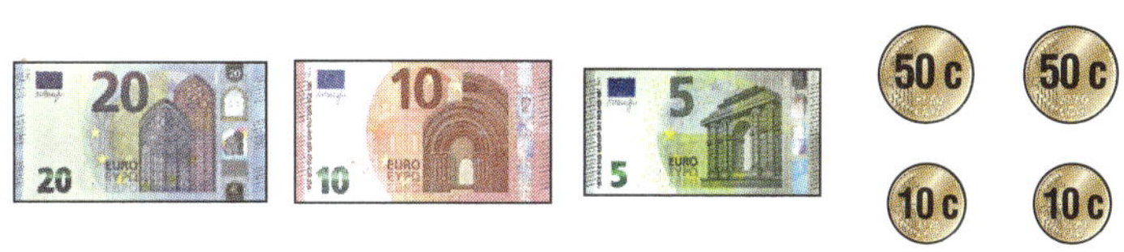

5 **Pose** et **calcule**.

328 + 75

Le coin du chercheur

Le tapis mesure 30 pieds.

Le tapis mesure 27 pieds.

Ali Capucine

Qui a le plus grand pied ?
Entoure son prénom.

72 Calculer un produit en utilisant l'addition réitérée

Compétence	Calculer des petits produits en utilisant l'addition réitérée.
Calcul mental	Lire l'heure du soir. L'enseignant montre 8 h sur le cadran de l'horloge ; l'élève écrit 20 h.
Activité manipulatoire	Observer des boîtes quadrillées (chocolats, œufs, bac à glaçons…).
Prérequis oral	Savez-vous calculer 3 + 3 + 3 ?
Réinvestissement	Tracer un segment de longueur donnée.
Différenciation	Remédiation : Photofiche 65 R.

Découvrons

1 Léa et Théo calculent le nombre de chocolats de cette boîte.
Observe et **complète**.

Il y a 4 colonnes de 5 chocolats.

Il y a 5 lignes de 4 chocolats.

Il faut calculer 4 × 5 ou 5 × 4.

Léa calcule :

5 + 5 + 5 + 5 = ...
(4 fois 5)

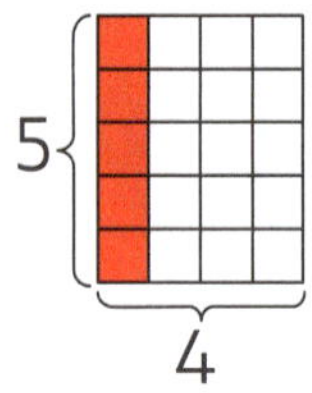

Théo calcule :

4 + 4 + 4 + 4 + 4 = ...
(5 fois 4)

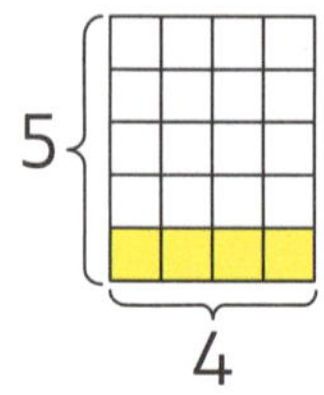

4 × 5 = 5 × 4 = ...

Je m'entraîne

On peut calculer un produit en additionnant plusieurs fois le même nombre.

2 **Calcule** le nombre de fleurs de chaque collection.

3 + ... = ...
4 + ... = ...
4 × 3 = 3 × 4 = ...

4 + ... = ...
2 + ... = ...
2 × 4 = 4 × .... = ...

3 + ... = ...
3 × .... = ...

3 **Calcule**.

3 × 5 = 5 + ... = ...

4 × 6 = 6 + ... = ...

4 **Trace** un segment de 9 cm de longueur.

73 Tracer un triangle rectangle (2)

Compétence	Tracer un triangle rectangle de dimensions données.
Calcul mental	Dictée de nombres. Écrire le suivant. L'enseignant dit : « 756 » ; l'élève écrit 757.
Prérequis oral	Combien d'angles droits a un triangle rectangle ?
Différenciation	Consolidation : Photofiche 66 C.

Découvrons

MATÉRIEL D

1 **Trace** un triangle rectangle. Un côté de l'angle droit mesure 9 cm, l'autre 4 cm.
Le sommet de l'angle droit est le point **bleu**.
Procède comme Théo.

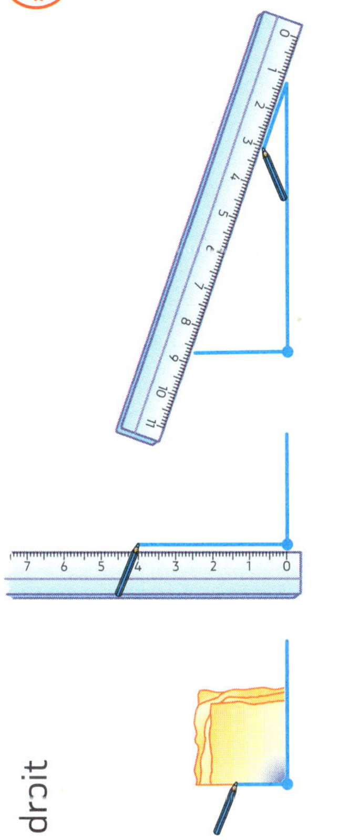

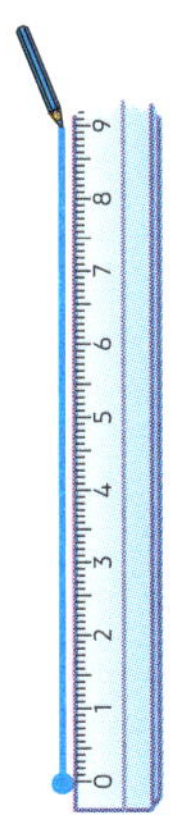

Je m'entraîne

2 **Trace** un triangle rectangle. Un côté de l'angle droit mesure 10 cm et l'autre 4 cm.
Le sommet de l'angle droit est le point **bleu**.

74 Problèmes multiplicatifs : Situations d'addition réitérée

Compétences	Reconnaître des situations d'addition réitérée. Les traduire par une multiplication.
Calcul mental	Compter de 10 en 10. L'enseignant dit : « 310, 320, 330 » ; l'élève écrit 340.
Différenciation	Consolidation : Photofiche 67 C.

....

1 Léa a acheté 4 boîtes de 10 œufs. Combien d'œufs a-t-elle achetés ?

Calcule et **complète**.

Le nombre d'œufs s'écrit :

10 + ... + ... + ... = ... × ....

Léa a acheté .... oeufs.

2 **Écris** le nombre total de yaourts.

6 + ... + ... = ...

Peux-tu remplacer cette addition par une multiplication ?

☐ *oui* ☐ *non*

Si oui, **écris**-la : .... × .... = ...

3 **Écris** le nombre total de perles de Théo.

4 + ... = ...

Peux-tu remplacer cette addition par une multiplication ? ☐ *oui* ☐ *non*

Si oui, **écris**-la : .... × .... = ...

4 **Écris** le nombre total de figurines.

.... + ... + ... + ... = ...

Peux-tu remplacer cette addition par une multiplication ?

☐ *oui* ☐ *non*

75 Maths Aventures (3)
Le parc d'accrobranche

Quand ta réponse est correcte, colorie l'étoile. ☆

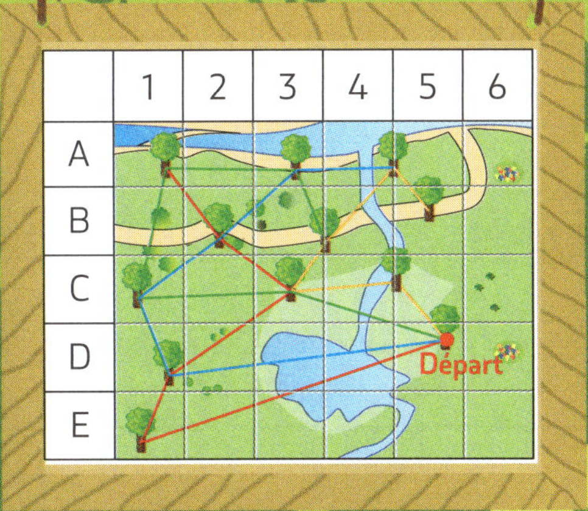

1 **Observe** le plan.
☆ Dans quelle case se trouve le **Départ** ?
(........ ; ....)

2 Quelle heure est-il ?
☆ ....

	Longueur des parcours	Ouverture des parcours
1 Parcours Mowgli	430 m	9 h 00
2 Parcours Écureuil	320 m	10 h 00
3 Parcours Tarzan	480 m	10 h 00
4 Parcours Ouistiti	350 m	10 h 30

3 Quel est le nom du parcours le plus long ?
☆ ....

4 **Dessine** un point **bleu** au sommet de l'angle droit du drapeau.
☆ MATÉRIEL D

5 **Mesure** la corde **rouge**.
☆ *La corde mesure .... cm.*

6 **Entoure** la monnaie pour payer une entrée.
☆

Si tu as colorié 5 ou 6 étoiles, colorie la médaille d'or ; 3 ou 4 étoiles, colorie la médaille d'argent ; sinon, colorie la médaille de bronze.

76 Je fais le point (6)

Nombres et calculs

1 **Complète** pour trouver le nombre de carreaux.

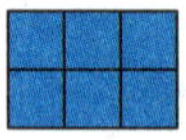

.... × .... = ... × .... = ...

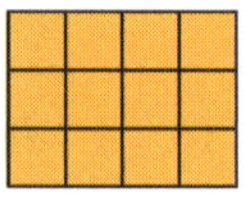

.... × .... = ... × .... = ...

Trouver et calculer un produit.

2 **Calcule** les produits.
Tu peux dessiner des rectangles.

3 × 3 = ...

2 × 4 = ...

5 × 3 = ...

Calculer un produit.

3 **Colorie** les étiquettes qui permettent de trouver le nombre de carreaux du tapis.

3 × 5 | 5 × 3 | 3 + 5

5 + 5 + 5 | 3 + 3 + 3 + 3 + 3 | 5 + 3

Reconnaître une situation multiplicative.

Espace et géométrie

4 **Reproduis** cette figure.

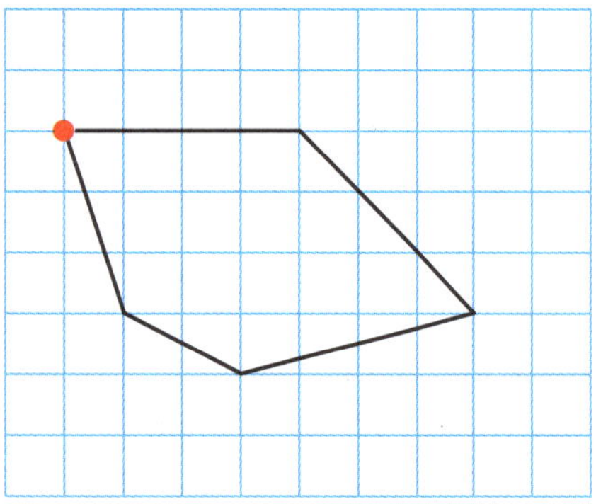

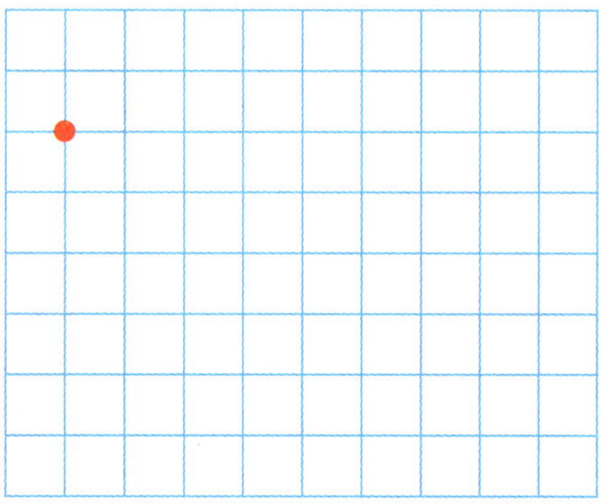

Reproduire une figure sur quadrillage.

5 **Trace** un triangle rectangle. Un côté de l'angle droit mesure 8 cm, l'autre 5 cm.
Le sommet de l'angle droit est le point **bleu**.

MATÉRIEL D

Tracer un triangle rectangle.

Grandeurs et mesures

6 **Mesure**, en cm, la longueur de ce segment.

...... cm

Mesurer une longueur en cm.

7 **Écris** les heures du matin et du soir.

matin

.... h ....

soir

.... h ....

matin

.... h ....

soir

.... h ....

Lire les heures du matin et du soir.

8 **Entoure** les pièces et les billets pour acheter ce dictionnaire.

17 € 10 c

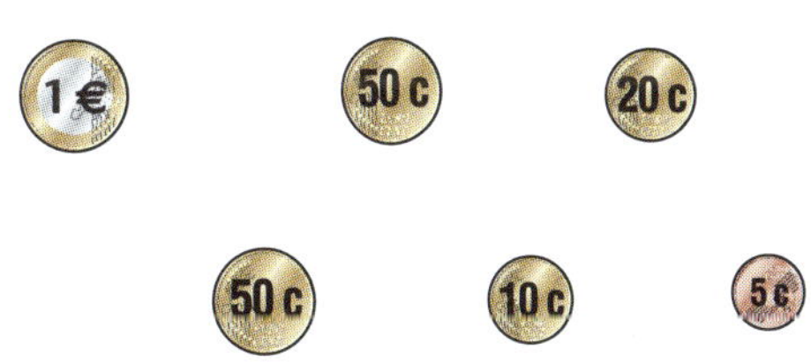

Payer avec la monnaie.

77 Je cherche (3)

Compétence	Utiliser l'ordre sur les nombres dans des situations de recherche.
Différenciation	Consolidation : Photofiche 68 C.

1. Coche chaque fois la bonne réponse.

J'ai plus de 10 €, mais moins de 8 €. ☐ possible ☐ impossible

Ce sac contient moins de 25 billes mais plus de 20 billes. ☐ possible ☐ impossible

Mon frère a plus de 12 ans et moins de 15 ans. ☐ possible ☐ impossible

Ce bout de ficelle mesure plus de 120 cm mais moins de 90 cm. ☐ possible ☐ impossible

2. Dans chaque suite, les nombres doivent être rangés du plus petit au plus grand. **Place** les nombres **321**, **97**, **162** et **245** dans ces suites. Ils peuvent être utilisés plusieurs fois.

a)	80	....	158	199	805
b)	31	55	....	....	210
c)	127	230	....	310	....
d)	240	....	307	....	580
e)	....	125	256	....	410

78 Construire la table de 2 de la multiplication

Compétence	Construire la table de 2 de la multiplication.
Calcul mental	Dictée de nombres. Écrire le précédent. L'enseignant dit : « 636 » ; l'élève écrit 635.
Activité manipulatoire	Former des équipes de 2.
Prérequis oral	Comptez de 2 en 2 jusqu'à 10.
Réinvestissement	Lire l'heure du soir.
Différenciation	Consolidation : Photofiche 69 C.

....

Découvrons

1 **Aide** Léa à compléter la table de 2 de la multiplication.

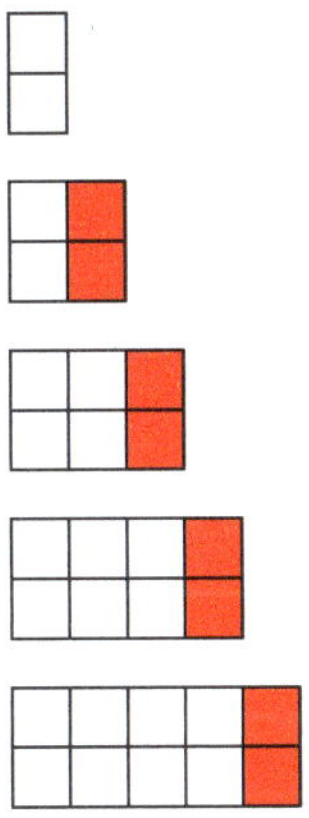

1 × 2 = 2

2 × 2 = 2 + 2 = 4

3 × 2 = 4 + 2 = 6

4 × 2 = 6 + 2 = ...

5 × 2 = ... + 2 = ...

6 × 2 = ...

7 × 2 = ...

8 × 2 = ...

9 × 2 = ...

10 × 2 = ...

Je m'entraîne

2 Théo a écrit les produits en commençant par 2. **Complète** les égalités.

2 × 8 = ... | 2 × 7 = ... | 2 × 6 = ... | 2 × 10 = ... | 2 × 9 = ...

3 **Colorie** de la même couleur les étiquettes égales.

6 × 2 | 4 × 2 | 9 × 2 | 8 × 2 | 7 × 2

8 | 18 | 14 | 12 | 15 | 16

4 C'est le soir. Quelle heure est-il ?

....

Le coin du chercheur

Il y a 40 yeux dans la classe.
Combien d'oreilles y a-t-il ?

....

79 Mesurer et ajouter des longueurs

Compétences	Mesurer et additionner des longueurs.
Calcul mental	Retrancher 100. L'enseignant écrit : 678 – 100 ; l'élève écrit 578.
Activité manipulatoire	Jouer avec des pailles.
Prérequis oral	Où placer la graduation 0 quand on mesure un segment ?
Réinvestissement	Écrire le précédent et le suivant d'un nombre de 3 chiffres.
Différenciation	Remédiation : Photofiche 70 R.

Découvrons

1 Quelle est la longueur du chemin de la coccinelle jusqu'à sa maison ? MÉMO 13

.... cm + ... cm + ... cm = ... cm

Le chemin a une longueur de .... cm.

Je m'entraîne

2 Quelle est la longueur du chemin de la chenille jusqu'à la feuille ?

.... cm + ... cm = ... cm

Le chemin a une longueur de .... cm.

3 Quelle est la longueur du chemin de la fourmi jusqu'à la fourmilière ?

.... cm + ... cm + ... cm = ... cm

Le chemin a une longueur de .... cm.

4 Pour chaque chenille, **écris** le nombre qui précède et le nombre qui suit.

80 Reconnaître les carrés et les rectangles

Compétences	Reconnaître et décrire un carré et un rectangle, à partir des côtés et des angles droits.
Calcul mental	Complément à la dizaine supérieure. L'enseignant écrit : 28 + ... = 30 ; l'élève écrit 2.
Activité manipulatoire	Trier des gabarits.
Prérequis oral	Combien de côtés possède un carré ? un rectangle ?
Réinvestissement	Ranger des nombres de trois chiffres.
Différenciation	Remédiation : Photofiche 71 R.

Découvrons

1 Pour chaque figure : – **repasse** de la même couleur les côtés de même longueur ;
– **dessine** un point **bleu** au sommet des angles droits.

MATÉRIEL D — MATÉRIEL G — MÉMO 15 — MÉMO 16

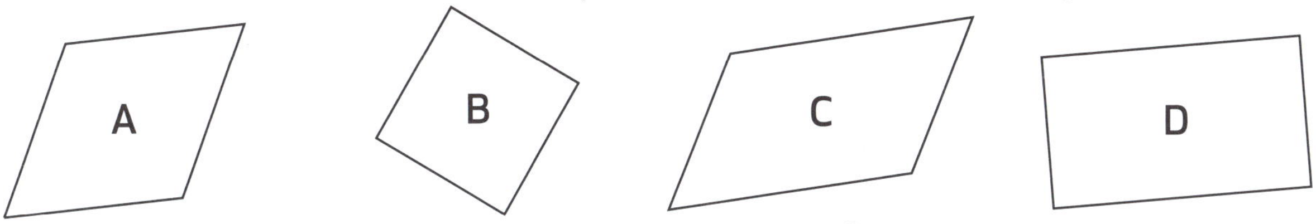

Complète le tableau par *oui* ou *non*.

	4 angles droits	4 côtés de même longueur
Figure A	....	....
Figure B	....	....
Figure C	....	....
Figure D	....	....

	4 angles droits	4 côtés de même longueur
Carré	oui	oui
Rectangle	oui	non

Complète.

La figure .... est un carré.

La figure .... est un rectangle.

Je m'entraîne

2 **Trace** une croix jaune dans le carré et une croix bleue dans le rectangle.

Utilise une bande de papier et un gabarit d'angle droit.

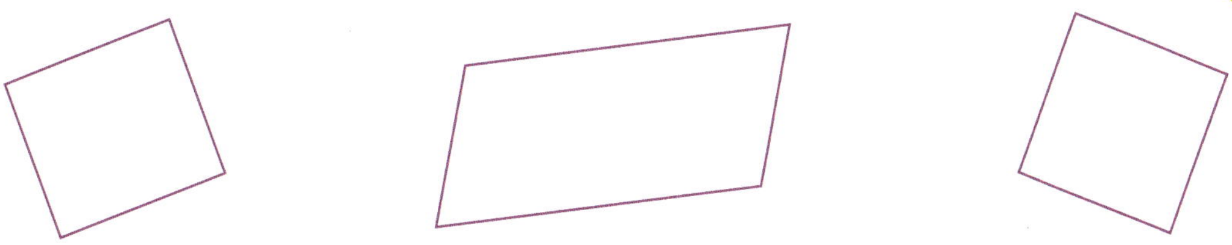

3 **Range** ces nombres du plus petit au plus grand.

407 183 245 178

.... < .... < .... < ....

Le coin du chercheur

■ + ■ + ■ = 15

■ = ...

81 Problèmes : Extraire des données

Compétence	Exploiter des données numériques.
Calcul mental	Calculer une somme de deux nombres de deux chiffres. L'enseignant écrit : 41 + 24 ; l'élève écrit 65.
Activité manipulatoire	Choisir dans un catalogue.
Différenciation	Consolidation : Photofiche 72 C.

1 **Lis** la carte d'identité de chaque animal.

Poney

Durée de vie : 25 ans
Poids : 200 kg
Nombre de petits : 1

Lapin

Durée de vie : 8 ans
Poids : 4 kg
Nombre de petits : 10

Mouton

Durée de vie : 10 ans
Poids : 40 kg
Nombre de petits : 1

Réponds aux questions.

- Combien d'années vit un mouton ? *Un mouton vit .... ans.*
- Combien pèse un poney ? *Un poney pèse .... kg.*
- Combien de petits peut avoir un lapin ? *Un lapin peut avoir .... petits.*

2 Combien va payer chaque enfant ? **Observe** et **complète**.

.... *Théo va payer .... €.*

.... *Léa va payer .... €.*

3 **Observe** l'affiche.

- Quel jour aura lieu la fête de l'école ?

La fête de l'école aura lieu le ....

- À quelle date les enfants reviendront du voyage ?

Les enfants reviendront du voyage le .... juin.

82 Connaître les durées : la semaine, le jour, l'heure, la minute

Compétence	Connaître les relations entre semaine, jour, heure et minute.
Calcul mental	Table de 2 de la multiplication. L'enseignant dit : « 5 × 2 » ; l'élève écrit 10.
Activité manipulatoire	L'horloge en carton.
Prérequis oral	Combien dure la récréation ?
Réinvestissement	Calculer un produit.
Différenciation	Consolidation : Photofiche 73 C.

Découvrons

1 **Observe** et **complète**.

Les graduations bleues correspondent aux minutes.

C'est le soir, il est 21 h. Pourquoi les heures du soir vont jusqu'à 24 h ?

1 heure = ... minutes ; 1 jour = ... heures ; 1 semaine = ... jours.

Je m'entraîne

2 **Complète** avec *semaine*, *jour*, *heure* ou *minute*.

La récréation dure 15 ....

Le matin, la classe dure 3 ....

Les vacances de Noël durent 2 ....

Les vacances d'hiver durent 14 ....

3 **Colorie** de la même couleur les étiquettes qui indiquent la même durée.

1 heure | 2 semaines | 14 jours | 24 h

2 heures | 1 jour | 60 min | 120 min

4 **Calcule** le nombre de carreaux du tapis.

.... × .... = ...

....

Ce tapis comporte .... carreaux.

Le coin du chercheur

Combien de carrés comptes-tu ?

....

83 Construire la table de 3 de la multiplication

Compétence	Construire la table de 3 de la multiplication.
Calcul mental	Lire l'heure du matin. L'enseignant montre 9 h sur l'horloge ; l'élève écrit 9 h.
Activité manipulatoire	Former des équipes de 3.
Prérequis oral	Comptez de 3 en 3 jusqu'à 12.
Réinvestissement	Payer avec la monnaie.
Différenciation	Consolidation : Photofiche 74 C.

....

Découvrons

1 **Aide** Théo à compléter la table de 3 de la multiplication.

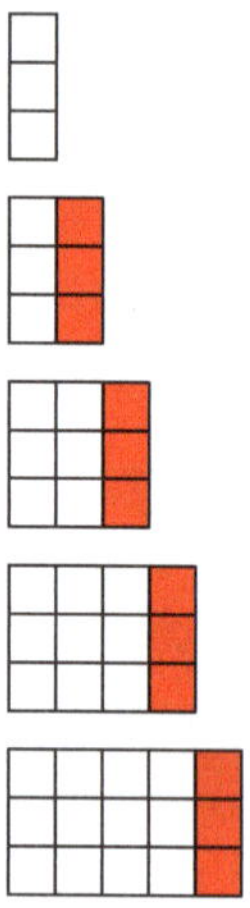

1 × 3 = 3

2 × 3 = 3 + 3 = 6

3 × 3 = 6 + 3 = 9

4 × 3 = 9 + 3 = ...

5 × 3 = ... + 3 = ...

J'ai compris ! Pour trouver le résultat suivant, j'ajoute 3.

6 × 3 = ...

7 × 3 = ...

8 × 3 = ...

9 × 3 = ...

10 × 3 = ...

Je m'entraîne

2 Léa a écrit les produits en commençant par 3. **Complète** les égalités.

3 × 8 = ... | 3 × 7 = ... | 3 × 6 = ... | 3 × 10 = ... | 3 × 9 = ...

3 **Colorie** de la même couleur les étiquettes égales.

3 × 8 | 3 × 7 | 8 × 3 | 6 × 3 | 7 × 3

24 | 18 | 21 | 30

Attention ! une étiquette ne sera pas coloriée !

4 **Entoure** les billets et les pièces nécessaires pour acheter la planche à roulettes.

26 €

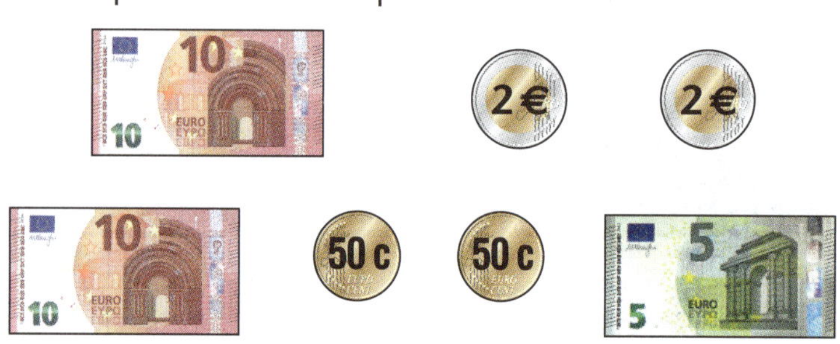

84 Calculer la moitié d'un nombre (1)

....

Compétences	Connaître les moitiés des nombres d'usage courant. Distinguer les nombres pairs des impairs.
Calcul mental	Table de 2 de la multiplication. L'enseignant dit : « 6 × 2 » ; l'élève écrit 12.
Activité manipulatoire	Plier en 2 des bracelets de perles.
Prérequis oral	Peut-on partager équitablement en deux : 4 bonbons ? 3 bonbons ?
Réinvestissement	Ajouter 2 longueurs.
Différenciation	Remédiation : Photofiche 75 R.

Découvrons

MATÉRIEL G

1 Théo calcule la moitié du nombre 8.
Colorie en jaune une moitié des carreaux et en bleu l'autre moitié.

8 → ☐☐☐☐☐☐☐☐

Complète : Moitié de 8 = ... **Vérifie** : .... + ... = ...

2 Sur la bande du 7, peux-tu colorier autant de carreaux jaunes que de carreaux bleus ?
Le nombre 7 a-t-il une moitié ?

☐ oui ☐ non

7 → ☐☐☐☐☐☐☐

Je m'entraîne

3 **Calcule** comme Théo et **complète**.

4 → ☐☐☐☐

Moitié de 4 = ...
Vérifie. .... + ... = ...

6 → ☐☐☐☐☐☐

Moitié de 6 = ...
Vérifie. .... + ... = ...

4 PROBLÈME Inès a lu la moitié d'un livre de 10 pages.
Combien de pages a-t-elle lues ?

10 → ☐☐☐☐☐☐☐☐☐☐

Inès a lu .... pages.

5 Quelle est la longueur du chemin vert ?
Complète.

Longueur du chemin vert :

.... cm + ... cm = ... cm

Le coin du chercheur

Quel nombre de trois chiffres se cache dans ce dessin ?

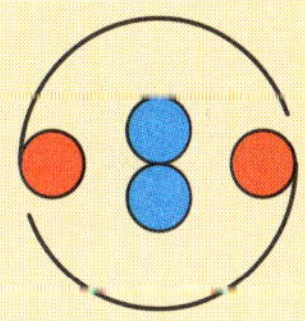

....

85 Problèmes : Comparaisons additives

Compétence	Résoudre des problèmes de comparaison du champ additif.
Calcul mental	Lire l'heure du soir. L'enseignant montre 8 h sur l'horloge ; l'élève écrit 20 h.
Activité manipulatoire	Jouer avec des jetons.
Différenciation	Consolidation : Photofiche 76 C.

1 Lana a ramassé 75 coquillages et Emma 80.
Qui a le plus de coquillages ?
Combien de plus ?

C'est .... qui a le plus de coquillages.
Elle a .... coquillages de plus que ....

2 Loïc est parti 14 jours en vacances.
Boris est parti 7 jours de plus que Loïc.
Pendant combien de jours Boris est-il parti en vacances ?

....

Boris est parti .... jours en vacances.

3 Julia et Nils comparent leurs économies.
Quelle somme possède Julia ?

....

Julia possède .... €.

4 Théo et Léa comparent leur nombre d'images.

Qui a le plus d'images ?
☐ Théo ☐ Léa

Combien d'images possède Léa ?

....

Léa possède .... images.

86 Tracer un carré ou un rectangle à l'aide d'un gabarit

Compétence	Construire un carré et un rectangle sur papier uni en utilisant un gabarit.
Calcul mental	Table de 3 de la multiplication. L'enseignant dit : « 4 × 3 » ; l'élève écrit 12.
Activité manipulatoire	Utiliser un gabarit.
Prérequis oral	Combien d'angles droits possède un carré ? un rectangle ?
Différenciation	Remédiation : Photofiche 77 R.

Découvrons

MATÉRIEL D MATÉRIEL H

1 Le gabarit A du matériel est un rectangle déchiré.
Utilise-le pour construire :

- un rectangle.
- un carré.

Je m'entraîne

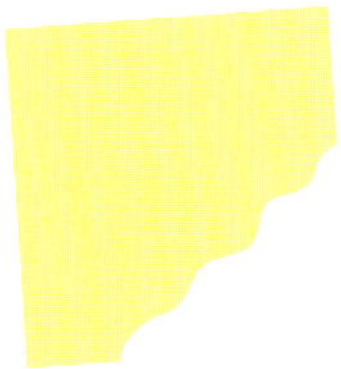

MATÉRIEL H

2 Le gabarit B du matériel est un carré déchiré.
Utilise-le pour construire :

- un carré.
- un rectangle.

87 Problèmes :
Jeu du chapeau (3)

Compétence	Résoudre des situations additives ou soustractives : recherche de la transformation.
Calcul mental	Dictée de nombres. Écrire le suivant. L'enseignant dit : « 456 » ; l'élève écrit 457.
Différenciation	Consolidation : Photofiche 78 C.

....

Combien de points a-t-on retirés ou ajoutés sous le chapeau ?

- 1 u = 1 point
- 1 d = 10 points
- 1 c = 100 points

1

On a retiré .... jeton bleu, ... jeton vert et .... jeton jaune.

On a donc retiré .... points.

2

On a ajouté .... jeton bleu, ... jeton vert et .... jeton jaune.

On a donc ajouté .... points.

3

On a retiré .... jeton bleu, ... jeton vert et .... jetons jaunes.

On a donc retiré .... points.

88 Calcul en ligne :
Passer la centaine (2)

Compétence	Franchir la centaine en additionnant ou en soustrayant un petit nombre.
Calcul mental	Dictée de nombres. Écrire le précédent. L'enseignant dit : « 534 » ; l'élève écrit 533.
Activité manipulatoire	Le matériel de numération.
Prérequis oral	Calculez : 98 + 2 ; 98 + 3.
Réinvestissement	Distinguer les nombres pairs et les nombres impairs.
Différenciation	Remédiation : Photofiche 79 R.

Découvrons

1 Théo calcule 198 + 7. **Complète.**

J'ajoute 2 pour aller à 200
198 + 2 = 200
puis j'ajoute 5 car 7 = 2 + 5.

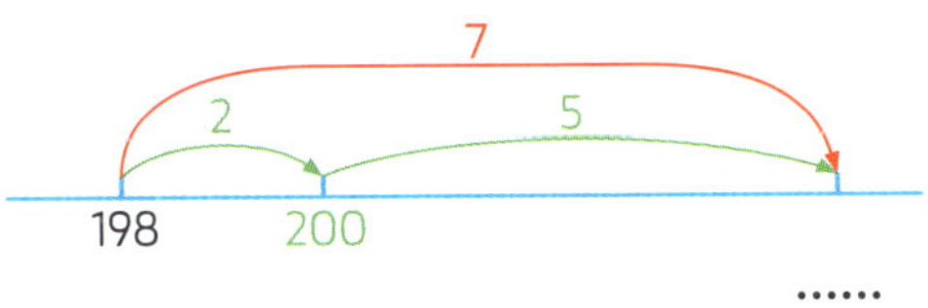

198 + 7 = ...

Léa calcule 205 – 8. **Complète.**

Je retranche 5 pour aller à 200
205 – 5 = 200
puis je retranche 3 car 8 = 5 + 3.

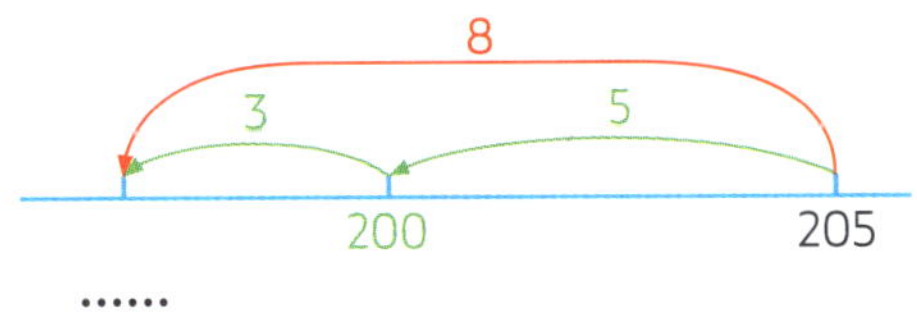

205 – 8 = ...

Je m'entraîne

2 **Calcule** comme Théo.

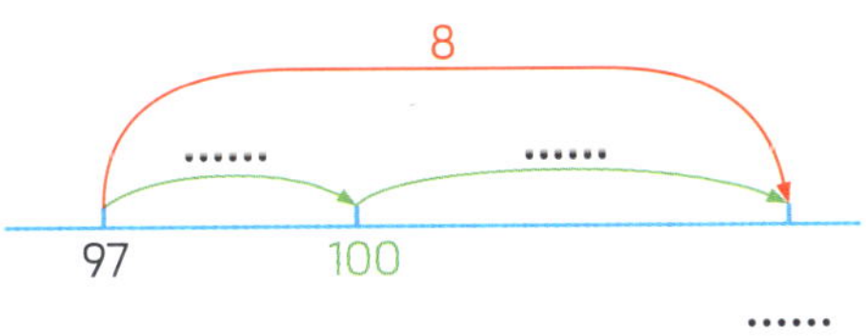

97 + 8 = ...

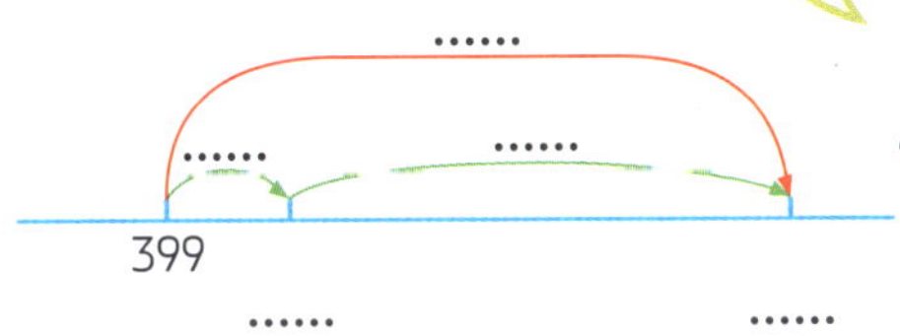

399 + 5 = ...

Passe par 400 : c'est plus simple pour calculer.

3 **Calcule** comme Léa.

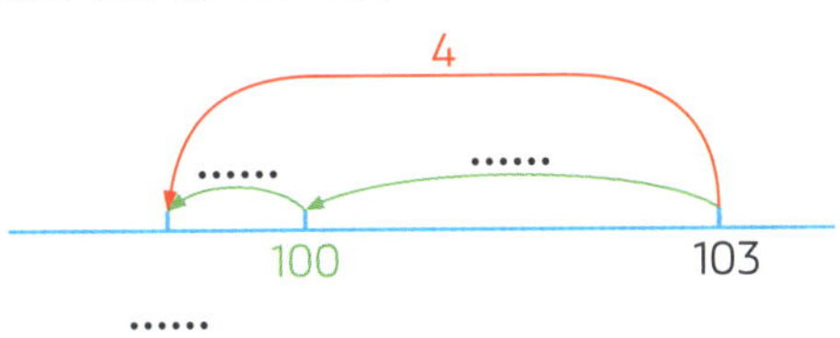

103 – 4 = ...

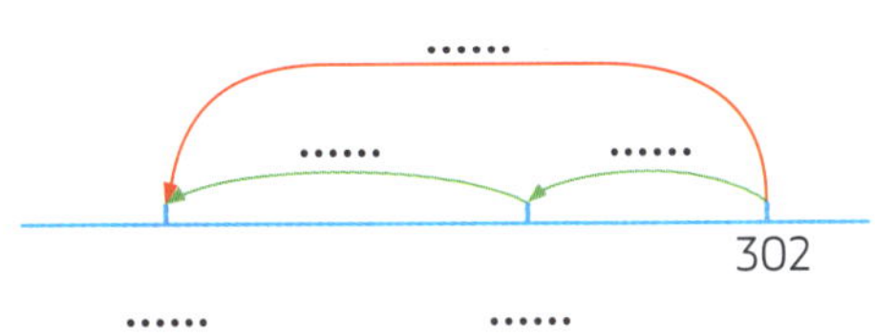

302 – 5 = ...

4 **Colorie** les étiquettes des nombres qui ont une moitié.

1 3 4 7 5 10 8

Le coin du chercheur

Combien de cubes composent cet assemblage ?

....

89 Se repérer autour d'un objet

Compétence	Se repérer autour d'un objet.
Calcul mental	Retrancher un petit nombre à un nombre de deux chiffres. L'enseignant écrit : 19 – 6 ; l'élève écrit 13.
Activité manipulatoire	Prises de vue avec un smartphone.
Prérequis oral	2 par 2, face à face, serrez-vous en même temps les mains droites et les mains gauches.
Réinvestissement	Connaître les tables de 2 et de 3 de la multiplication.
Différenciation	Remédiation : Photofiche 80 R.

Découvrons

1 Théo a pris 4 photos autour de la table.
Écris le numéro qui correspond à l'endroit où il se trouvait.

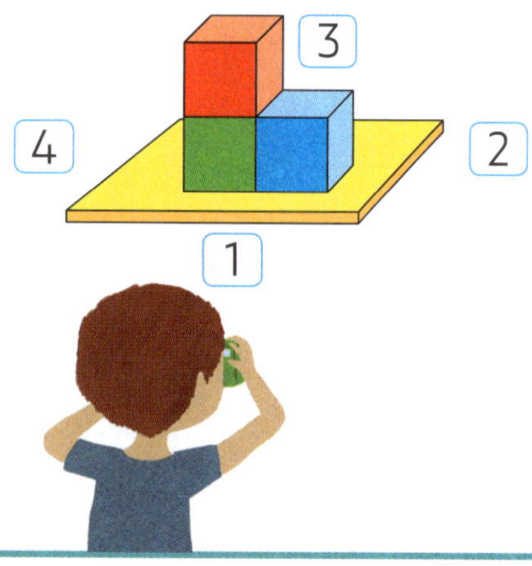

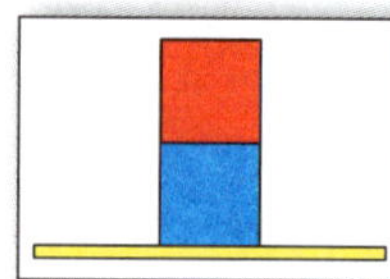
....

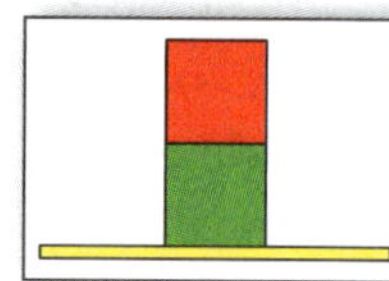
....

....

....

Je m'entraîne

2 Léa a pris 4 photos autour de la table.
Écris le numéro qui correspond à l'endroit où elle se trouvait.

....

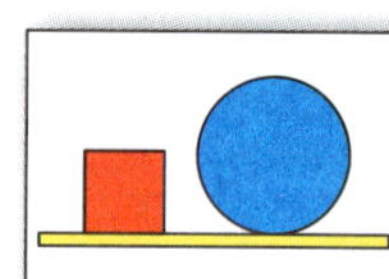
....

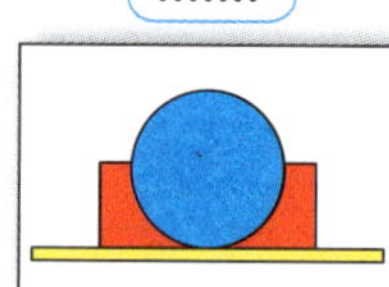
....

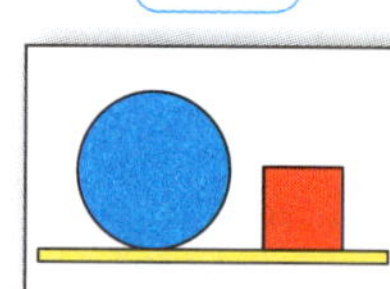
....

3 **Colorie** de la même couleur les étiquettes du même nombre.

5 × 2	8 × 3	6 × 2	5 × 3	3 × 2
6	10	12	15	24

90 Problèmes : Situations additives ou soustractives (5)

Compétence	Trouver la valeur de la transformation dans un problème de transformation d'états.
Calcul mental	Retrancher un petit nombre à un nombre de deux chiffres. L'enseignant écrit : 13 – 4 ; l'élève écrit 9.
Activité manipulatoire	Jouer les situations en masquant la transformation.
Différenciation	Consolidation : Photofiche 81 C.

1

Julie arrive à l'école. Elle a 25 cartes. | À la récréation, elle gagne des cartes. | Elle rentre chez elle. Elle a 30 cartes.

Combien de cartes a-t-elle gagnées ?

.... *Elle a gagné .... cartes.*

2

Mélissa arrive à l'école. Elle a 30 billes. | À la récréation, elle perd des billes. | Elle rentre chez elle. Elle n'a plus que 4 billes.

Combien de billes a-t-elle perdues ?

.... *Elle a perdu .... billes.*

3

Théo arrive à l'école. Il a 20 toupies. | À la récréation, il joue avec ses toupies. | Il rentre chez lui. Il a 30 toupies.

A-t-il gagné ou perdu des toupies ? Combien ?

.... *Il a* ☐ *gagné* ☐ *perdu* .... *toupies.*

91 Je fais le point (7)

Nombres et calculs

1 **Complète.**

2 × 2 = ...　|　5 × 2 = ...　|　7 × 2 = ...

Connaître la table de 2 de la multiplication.

2 **Complète.**

2 × 3 = ...　|　4 × 3 = ...　|　6 × 3 = ...

Connaître la table de 3 de la multiplication.

3 **Écris** la moitié de chaque nombre.

8 → ☐☐☐☐☐☐☐☐

Moitié de 8 = ...

10 → ☐☐☐☐☐☐☐☐☐☐

Moitié de 10 = ...

Connaître la moitié d'un nombre.

4 **Calcule.**

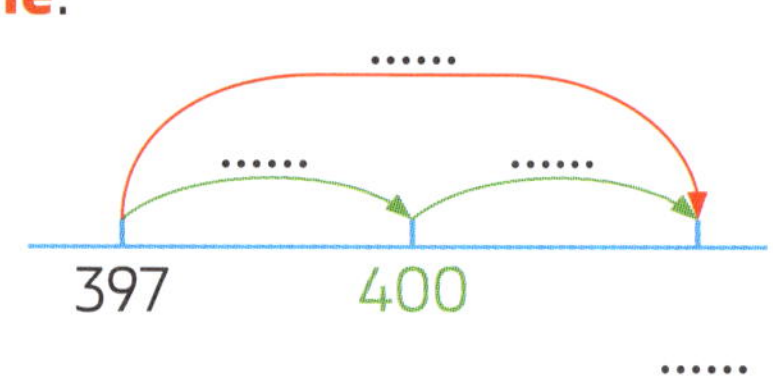

397 + 6 = ...

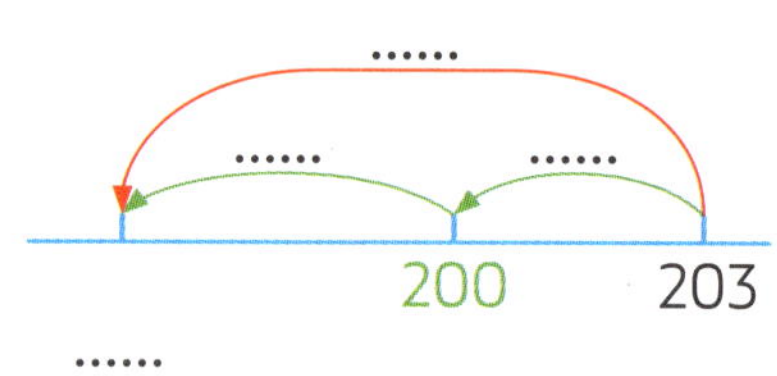

203 – 7 = ...

Calculer en ligne : passer la centaine.

Espace et géométrie

5 **Écris**, dans chaque case, le numéro qui correspond à l'endroit où la photo a été prise.

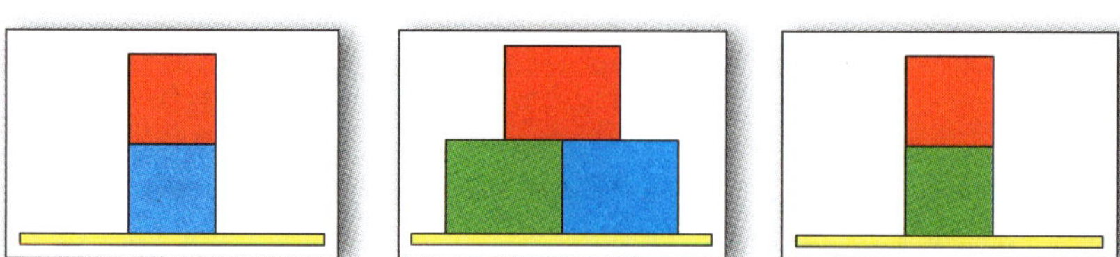

....　.......　.......

Se repérer autour d'un objet.

6 **Trace** une croix dans le rectangle.

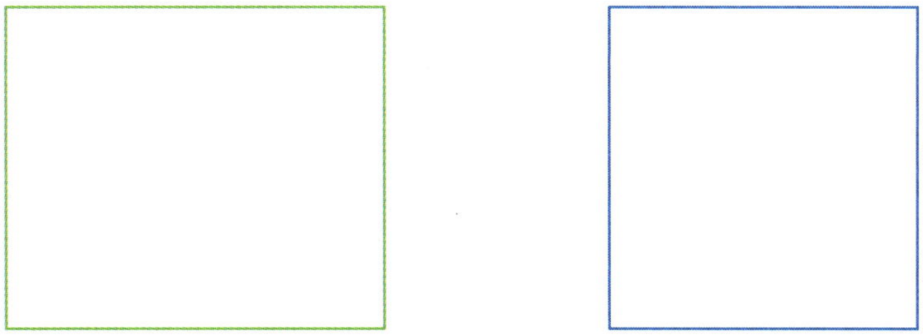

Identifier un carré ou un rectangle.

Grandeurs et mesures

7 Quelle est la longueur du chemin **vert** ? **Complète**.

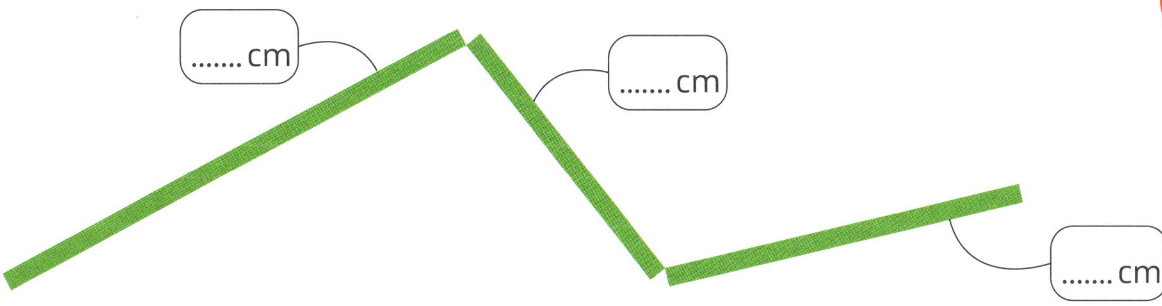

Longueur du chemin **vert** :

.... cm + ... cm + ... cm = ... cm

Mesurer et additionner des longueurs.

8 **Complète**.

1 jour = ... heures | 1 heure = ... minutes | 1 semaine = ... jours

Connaître les relations entre semaine, jour, heure, minute.

9 Marion est partie 25 jours en vacances.
Louise est partie 6 jours de moins.
Pendant combien de jours Louise est-elle partie en vacances ?

....

Louise est partie .... jours en vacances.

Résoudre des problèmes de comparaison.

92 Compléter une figure par symétrie

....

Compétence	Utiliser le calque pour compléter une figure par symétrie.
Calcul mental	Compter de 10 en 10. L'enseignant dit : « 245 » ; l'élève compte mentalement : 255, puis écrit 265.
Activité manipulatoire	Utiliser un calque.
Prérequis oral	Observez vos 2 mains ouvertes posées sur le bureau. Que pouvez-vous dire ?
Différenciation	Consolidation : Photofiche 82 C.

Découvrons

1 **Décalque** cette figure.
Retourne le calque et **complète** le papillon par symétrie.

Je m'entraîne

2 **Décalque** cette figure. **Retourne** le calque et **complète** la tortue par symétrie.
Colorie la tortue comme tu le veux.

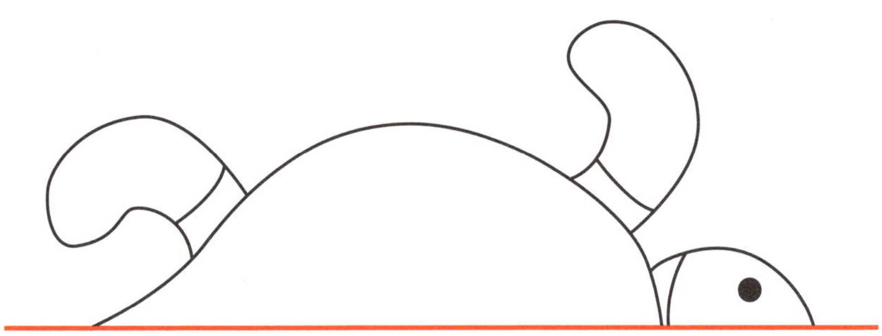

93 Construire la table de 5 de la multiplication

....	....	....	....	....

Compétence	Construire la table de 5 de la multiplication.
Calcul mental	Table de 3 de la multiplication. L'enseignant dit : « 7 × 3 » ; l'élève écrit 21.
Activité manipulatoire	Ajouter des baguettes de 5 cm de longueur.
Prérequis oral	Comptez de 5 en 5 jusqu'à 20.
Réinvestissement	Ajouter un petit nombre avec passage de la centaine.
Différenciation	Consolidation : Photofiche 83 C.

Découvrons

1 **Aide** Léa à compléter la table de 5 de la multiplication.

Pour trouver le résultat suivant, j'ajoute 5.

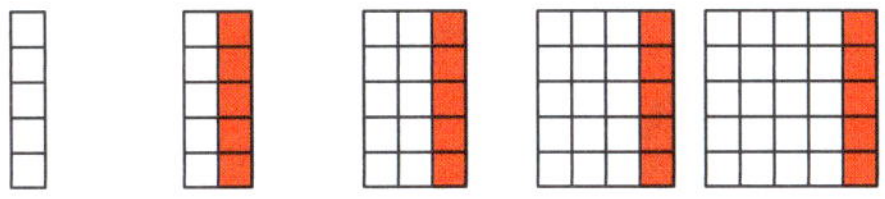

1 × 5	2 × 5	3 × 5	4 × 5	5 × 5	...... ×	...... ×	...... ×	...... ×	...... × ......
5	10	15	20	25	....	....	....	....	....

Complète.

Les résultats de la table de 5 se terminent par .... ou par ....

Je m'entraîne

2 **Barre** les nombres qui ne sont pas des résultats de la table de 5.

7 15 40 18 25 20 19 10 35

3 Mélissa a écrit les produits en commençant par 5. **Complète** les égalités.

5 × 3 = ... | 5 × 6 = ... | 5 × 8 = ...
5 × 4 = ... | 5 × 7 = ... | 5 × 9 = ...

4 **PROBLÈME**

Thiméo a 8 paquets de 5 images. Combien a-t-il d'images ?

....

Thiméo a .... images.

5 **Calcule** 96 + 7.

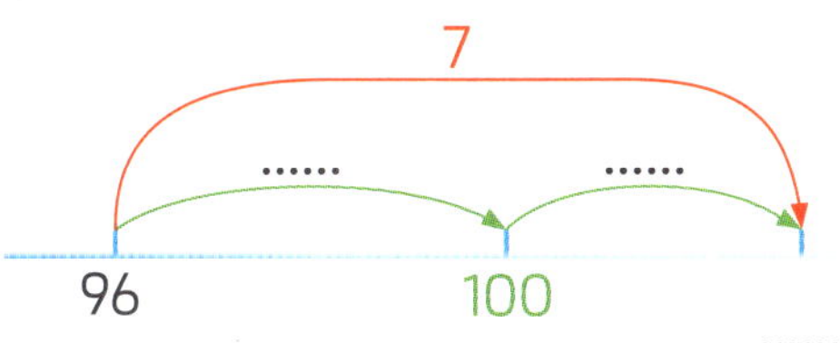

96 + 7 = ...

Le coin du chercheur

Combien de triangles comptes-tu dans cette figure ?

....

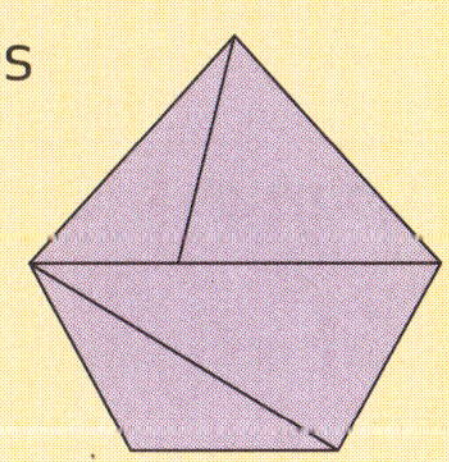

94 Poser une soustraction sans retenue

Compétence	Poser une soustraction sans retenue.
Calcul mental	Ajouter 10 à un nombre de 3 chiffres (sans passage de la centaine). L'enseignant écrit : 180 + 10 ; l'élève écrit 190.
Activité manipulatoire	Utiliser le matériel de numération.
Prérequis oral	Calculez 23 – 2.
Réinvestissement	Connaître la table de 3 de la multiplication.
Différenciation	Remédiation : Photofiche 84 R.

....

Découvrons

MÉMO 12

1 Pour calculer 46 – 32, Mélissa pose une soustraction. **Complète.**

Commence par la colonne des unités...

	d	u
	4	6
–	3	2
=	......	......

Je vérifie avec le matériel...

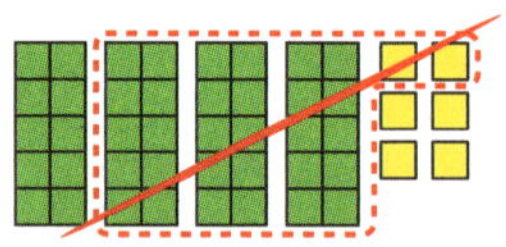

... ou en posant une addition. Je dois trouver 46.

	......	......
+	3	2
=	......	......

Je m'entraîne

2 **Calcule** et **vérifie**.

	d	u
	4	7
–	2	4
=	......	......

	......	......
+	2	4
=	......	......

	d	u
	6	8
–	3	6
=	......	......

	......	......
+	3	6
=	......	......

3 **Pose** et **calcule**.

Écris les unités sous les unités, les dizaines sous les dizaines...

67 – 25

d u

89 – 24

d u

4 **Colorie** de la même couleur les étiquettes du même nombre.

5 × 3 | 12 | 4 × 3 | 9 | 3 × 3 | 15

95 Connaître le mètre, le décimètre, le centimètre

Compétences	Connaître le m, le dm, le cm et leurs relations. Choisir l'unité qui convient.
Calcul mental	Calculer la moitié ou le double d'un petit nombre. L'enseignant dit : « Moitié de 8 » ; l'élève écrit 4.
Activité manipulatoire	Comparer différentes règles.
Prérequis oral	Combien peut mesurer un grand pas ?
Réinvestissement	Retrancher un petit nombre.
Différenciation	Consolidation : Photofiche 85 C.

....

Découvrons

1 **Observe** la grande règle graduée de la classe.
Quelle est sa longueur en centimètres ?

Complète : 1 m = ... cm.

2 **Détache** la bande **rouge** de la page matériel. MATÉRIEL G

1 décimètre (dm)

Mesure, en cm, la longueur de cette bande.

Complète : 1 dm = ... cm
Mesure la grande règle de la classe avec la bande **rouge**.

Complète : 1 m = ... dm

Je m'entraîne

3 **Complète** avec **m**, **dm** ou **cm**.

Un livre a une épaisseur de 2 ....

Justin fait un saut de 2 ....

Une règle a une longueur de 2 ....

4 **Complète**.

2 m = ... dm
3 m = ... cm
5 dm = ... cm

1 m 43 cm = 100 cm + ... cm = ... cm
1 m 5 cm = 100 cm + ... cm = ... cm
165 cm = 100 cm + ... cm = ... m .... cm

5 **Calcule**.

14 – 4 = ...	23 – 3 = ...	45 – 5 = ...
14 – 5 = ...	23 – 5 = ...	45 – 7 = ...

Le coin du chercheur

Deux nombres se suivent.
Leur somme est égale à 17.
Quels sont ces deux nombres ?

....

96 Construire la table de 4 de la multiplication

Compétence	Construire la table de 4 de la multiplication.
Calcul mental	Table de 2 de la multiplication. L'enseignant dit : « 4 × 2 » ; l'élève écrit 8.
Activité manipulatoire	Former des équipes de 4.
Réinvestissement	Payer avec la monnaie.
Différenciation	Consolidation : Photofiche 86 C.

....

Découvrons

1 **Aide** Léa à compléter la table de 4 de la multiplication.

1 × 4	2 × 4	3 × 4	4 × 4	5 × 4	...... ×	...... ×	...... ×	...... ×	...... × ......
4	8	12	16	20	....	....	....	....	....

Je m'entraîne

2 Mélissa a écrit les produits en commençant par 4. **Complète** les égalités.

4 × 3 = ...
4 × 4 = ...

4 × 6 = ...
4 × 7= ....

4 × 8 = ...
4 × 9 = ...

3 **Colorie** de la même couleur les étiquettes égales.

3 × 4 | 4 × 8 | 4 × 5 | 8 × 4 | 5 × 4 | 7 × 4

20 | 12 | 32 | 28

4 **PROBLÈME**

Hakim achète 7 livres. Chaque livre coûte 4 €. Combien dépense-t-il ?

.... *Il dépense* .... €.

5 **Entoure** la monnaie nécessaire pour acheter le panda.

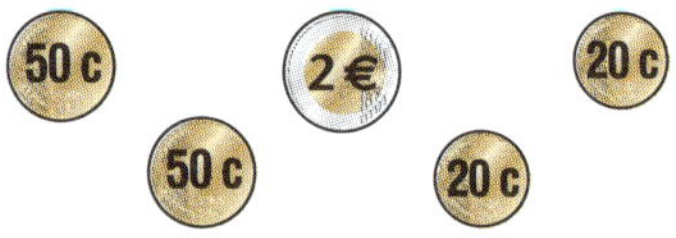

97 Calcul instrumenté : Utiliser la calculatrice

Compétence	Utiliser les fonctions de base d'une calculatrice pour résoudre des problèmes.
Calcul mental	Ajouter 10 à un nombre de 3 chiffres (avec passage à la centaine). L'enseignant écrit : 190 + 10 ; l'élève écrit 200.
Activité manipulatoire	Découvrir la calculatrice.
Prérequis oral	À quoi sert une calculatrice ?
Réinvestissement	Convertir des mesures de longueur.
Différenciation	Remédiation : Photofiche 87 R.

....

Découvrons

1 **Observe** cette calculatrice.
Complète les touches que tu utilises pour afficher le nombre 843. [......] [......] [......]
Tape sur les touches :
[7] [3] [+] [5] [2] [=] **Complète**. 73 + 52 = ...

2 **Complète** les touches que tu utilises pour calculer :

63 – 28 → [......] [......] [......] [......] [......] [......] **Complète**. 63 – 28 = ...

12 × 5 → [......] [......] [......] [......] [......] **Complète**. 12 × 5 = ...

Je m'entraîne

3 À l'aide de ta calculatrice, **retrouve** le résultat de chaque opération.

932 436 936 441

234 + 67 + 135 = ...

468 × 2 = ...

982 – 541 = ...

451 + 76 + 125 + 280 = ...

4 **PROBLÈME**
Léa achète la console et les 2 jeux.
Combien paie-t-elle ?

.... *Léa paie* .... €.

5 **Complète**.

1 m = ... cm | 1 dm = ... cm

1 dm = ... cm | 1 m 45 cm = ... cm

Le coin du chercheur

Je pense à un nombre inférieur à 10.
Si je lui ajoute 5, les chiffres du nombre obtenu sont les mêmes.
Quel est ce nombre ? ....

98 Apprendre les tables de multiplication

Compétence	Compléter une table de multiplication à partir d'un résultat connu.
Calcul mental	Table de 4 de la multiplication. L'enseignant dit : « 2 × 4 » ; l'élève écrit 8.
Prérequis oral	Comment passer de 2 × 3 à 3 × 3 ?
Réinvestissement	Lire l'heure du matin et celle du soir.
Différenciation	Remédiation : Photofiche 88 R.

....

Découvrons

1 Léa et Théo calculent 7 × 5.
Observe et **complète**.

Je connais **4 × 5 = 20**.
Je peux donc calculer rapidement 5 × 5, 6 × 5… sans réciter la table depuis le début.

4 × 5 = 20
5 × 5 = 25 (+ 5)
6 × 5 = ... (+ 5)
7 × 5 = ... (+ 5)

Je connais **10 × 5 = 50**.
Je peux donc calculer 9 × 5, 8 × 5… en remontant dans la table.

7 × 5 = ... (– 5)
8 × 5 = ... (– 5)
9 × 5 = 45 (– 5)
10 × 5 = 50

Je m'entraîne

2 **Calcule** comme Léa.

5 × 5 = 25
6 × 5 = ... (+ ....)
7 × 5 = ... (+ ....)

3 × 3 = 9
4 × 3 = ... (+ ....)
5 × 3 = ... (+ ....)

5 × 4 = 20
6 × 4 = ... (+ ....)
7 × 4 = ... (+ ....)

3 **Calcule** comme Théo.

8 × 5 = ... (– ....)
9 × 5 = ... (– ....)
10 × 5 = 50

8 × 3 = ... (– ....)
9 × 3 = ... (– ....)
10 × 3 = 30

8 × 4 = ... (– ....)
9 × 4 = ... (– ....)
10 × 4 = 40

4 **Écris** les heures.

matin .... h ....
soir .... h ....

matin .... h ....
soir .... h ....

99 Connaître le mètre, le kilomètre

Compétences	Utiliser le mètre et le kilomètre comme unités indépendantes. Choisir l'unité qui convient.
Calcul mental	Table de 5 de la multiplication. L'enseignant dit : « 4 × 5 » ; l'élève écrit 20.
Prérequis oral	À Lyon, un panneau indique : Paris 470. Que signifie cette indication ?
Réinvestissement	Utiliser la calculatrice.
Différenciation	Consolidation : Photofiche 89 C.

Découvrons

mètre → m
kilomètre → km

1 km, c'est environ 3 tours de stade.

1 **Complète** avec **m** ou **km**.

La longueur d'un terrain de football est de 100 ....

La distance Paris-Marseille est de 800 ....

2 Théo fait une randonnée jusqu'au lac en passant par le refuge.
Quelle distance parcourt-il ?

Complète. .... km .... m + ... km .... m = ... km .... m

Théo doit parcourir .... km .... m.

On additionne km et m séparément.

Je m'entraîne

3 **Complète** avec *m* ou *km*.

Hauteur de la tour Eiffel

320 ....

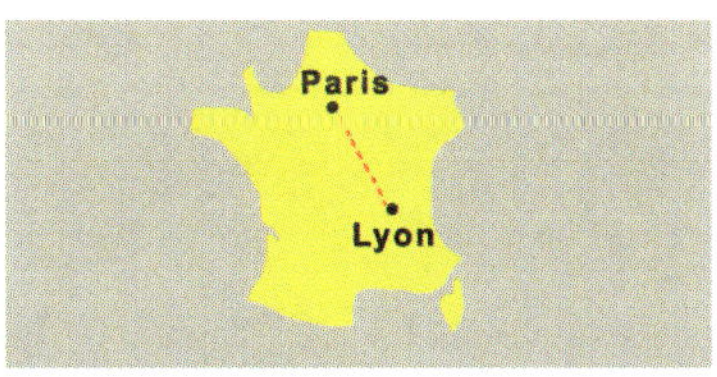

Distance de Paris à Lyon

470 ....

Hauteur du Haut-Folin

901 ....

4 Quelle est la longueur totale du parcours de santé ?

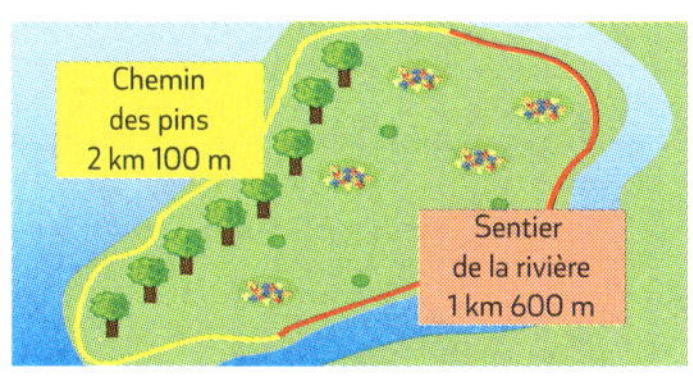

.... km .... m + ... km .... m = ... km .... m

La longueur totale du parcours est de .... km .... m.

5 **Utilise** ta calculatrice.

456 + 399 = ...

678 – 543 = ...

Le coin du chercheur

★ + ★ + ★ = 12

★ = ...

100 Problèmes : Situations multiplicatives

Compétences	Identifier et résoudre des situations multiplicatives.
Calcul mental	Table de 4 de la multiplication. L'enseignant dit : « 3 × 4 » ; l'élève écrit 12.
Différenciation	Consolidation : Photofiche 90 C.

1 Combien de carrés de chocolat cette tablette contenait-elle ?

....

....

Cette tablette contenait .... carrés de chocolat.

2 Quel est le nombre de fenêtres de cet immeuble ?

....

....

Cet immeuble comporte .... fenêtres.

3 Samir achète 4 boîtes de 6 œufs.
Combien d'œufs achète-t-il ?

....

....

Samir achète .... oeufs.

4 Adrien achète 3 lots de 12 compotes.
Combien de compotes achète-t-il ?

....

....

Adrien achète .... compotes.

101 Maths Aventures (4)
Plongée en mer

Quand ta réponse est correcte, colorie l'étoile. ☆

1 ☆ Le plongeur est sous l'eau depuis 2 h. **Écris** cette durée en minutes.

2 h = ... min

2 ☆ **Calcule** le nombre de poissons-clowns.

.... × .... = ...

Il y a .... poissons-clowns.

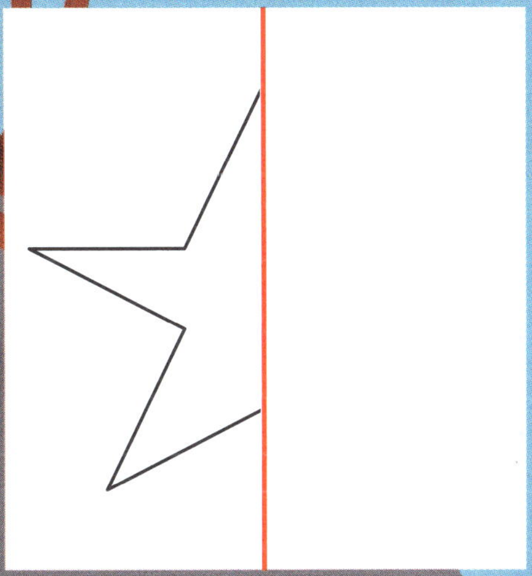

3 ☆ Ce coffre ne contient plus que 296 pièces d'or. Combien de pièces sont tombées du coffre ?

....

.... pièces sont tombées du coffre.

4 ☆ **Complète** l'étoile de mer par symétrie. **Utilise** un calque.

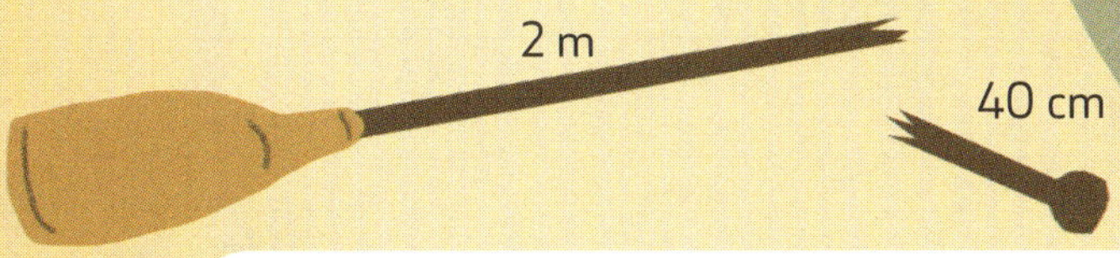

5 ☆ Le coffre orange pèse 7 kg de moins que le coffre marron. Combien pèse-t-il ?

.... = ...

Le coffre orange pèse .... kg.

6 ☆ La rame de la barque est cassée. Quelle était la longueur, en cm, de la rame entière ?

2 m + 40 cm = ... cm

Si tu as colorié 5 ou 6 étoiles, colorie la médaille d'or ; 3 ou 4 étoiles, colorie la médaille d'argent ; sinon, colorie la médaille de bronze.

102 Je fais le point (8)

Nombres et calculs

1 **Observe** et **complète**.

5 × 4 = 20 | 6 × 4 = ... | 7 × 4 = ... | 8 × 4 = ...

Construire la table de 4 de la multiplication.

2 **Complète**.

2 × 5 = ... | 4 × 5 = ... | 7 × 5 = ...

2 × 4 =.......... | 3 × 4 = ... | 9 × 4 = ...

Connaître les tables de 4 et de 5 de la multiplication.

3 **Pose** et **calcule**.

96 – 62

d u

89 – 38

d u

Poser et calculer une soustraction sans retenue.

4 **Utilise** ta calculatrice pour calculer.

315 + 28 + 298 = ...

436 – 238 = ...

67 × 12 = ...

Utiliser une calculatrice.

5 Luc a 5 pochettes de 6 images.
Combien d'images possède-t-il ?

.... = ...

Luc possède .... images.

Résoudre une situation multiplicative.

Espace et géométrie

6 **Utilise** le calque pour compléter cette figure.

Utiliser le calque pour compléter une figure.

Grandeurs et mesures

7 **Complète** avec m, cm ou km.

Un crayon mesure 15 ....

La salle de classe mesure 7 ....

La distance entre Bordeaux et Marseille est de 650 ....

Un tour de cour mesure 160 ....

Utiliser les unités de longueur : m, cm, km.

8 **Complète**.

1 m = ... cm

1 m = ... dm

2 m 50 cm = ... cm + ... cm = ... cm

Connaître les relations entre m, cm, dm.

9 **Complète** les égalités.

1 km 200 m + 300 m = 1 km + ... m + ... m = ... km .... m

Connaître le m et le km.

103 Je cherche (4)

Compétence	Résoudre un problème de logique.
Différenciation	Consolidation : Photofiche 91 C.

1. La voiture **bleue** est juste derrière la **rouge**.
La voiture **rouge** est juste derrière la **verte**.
La voiture **jaune** est juste derrière la **bleue**.
Colorie les voitures dans l'ordre indiqué.

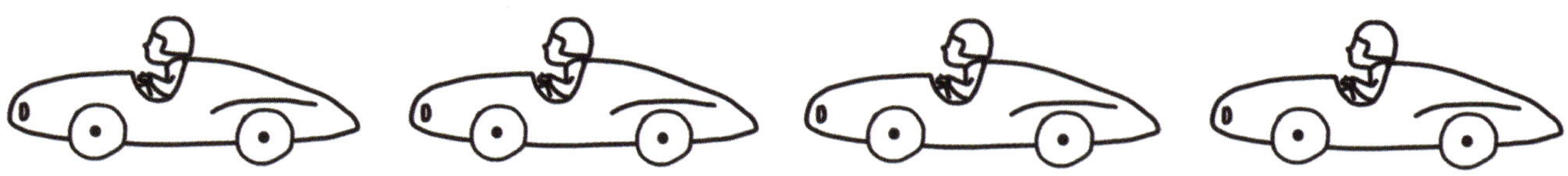

2. Le poisson **jaune** est juste derrière le **rouge**.
Le poisson **vert** est juste derrière le **jaune**.
Le poisson **rouge** est juste derrière le **bleu**.
Colorie les poissons dans l'ordre indiqué.

3. La bataille navale.
Dans chaque grille, il y a un bateau horizontal ou vertical de 3 cases. **Colorie**-le.

bateau — O touché — X manqué

X		X
	X	

X		
X		
	X	

O		X

	O	
	X	

104 Calcul en ligne : Multiplier par 10

Compétence	Multiplier par 10 un nombre d'un ou deux chiffres.
Calcul mental	Table de 2 de la multiplication. L'enseignant dit : « 4 × 2 » ; l'élève écrit 8.
Activité manipulatoire	Le matériel de numération.
Prérequis oral	2 dizaines sont égales à quel nombre ?
Réinvestissement	Compter de 5 en 5 (à partir d'un nombre se terminant par 0 ou par 5).
Différenciation	Remédiation : Photofiche 92 R.

Découvrons

1 Léa calcule 3 × 10. **Complète.**

Je calcule 3 fois 10.

3 × 10 = 10 + 10 + ...

3 × 10 = ...

Quand on multiplie un nombre par 10, on écrit un « 0 » à droite du nombre.

2 Théo calcule 12 × 10. **Complète.**

10 c'est 1 dizaine. J'utilise le tableau de numération.

12 × 10 c'est 12 dizaines

12 dizaines = ... u

12 × 10 = ...

c	d	u
....	....	....

Je m'entraîne

3 **Calcule.**

- 1 × 10 = ... 2 × 10 = ... 3 × 10 = ... 4 × 10 = ...
- 5 × 10 = ... 6 × 10 = ... 7 × 10 = ... 9 × 10 = ...

4 **Calcule.**

- 11 × 10 = ... 23 × 10 = ... 10 × 10 = ...
- 10 × 18 = ... 10 × 42 = ... 10 × 78 = ...

N'oublie pas : 10 × 18 = 18 × 10.

5 **PROBLÈME**

L'album de timbres de Théo comporte 10 pages de 25 timbres chacune. Combien de timbres possède Théo ?

....

Il possède .... timbres.

6 **Compte** de 5 en 5. **Complète** la chenille.

Le coin du chercheur

Trace deux traits pour partager ce carré en 3 triangles.

105 Reconnaître des solides

....

Compétences	Reconnaître des polyèdres. Nommer quelques solides.
Calcul mental	Double d'un nombre inférieur à 20. L'enseignant dit : « Double de 13 » ; l'élève écrit 26.
Activité manipulatoire	Jeu du portrait tactile.
Prérequis oral	Connaissez-vous le nom d'un solide qui peut rouler ?
Réinvestissement	Compter de 10 en 10.
Différenciation	Remédiation : Photofiche 93 R.

Découvrons

1 Théo et Léa ont commencé à trier des solides en 2 familles.
Complète le tableau avec les numéros des autres solides.

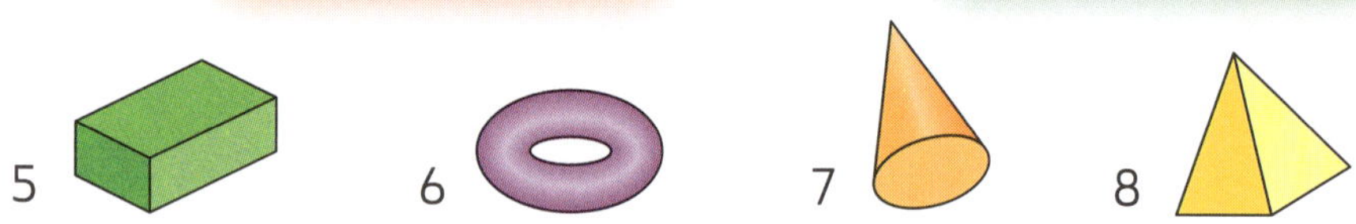

Famille A	Famille B
1	3
2	4
....	....
....	....

Écris leur numéro.

cube : .... pavé droit : .... boule : .... pyramide : .... cylindre : .... cône : ....

Je m'entraîne

2 **Colorie** les polyèdres.

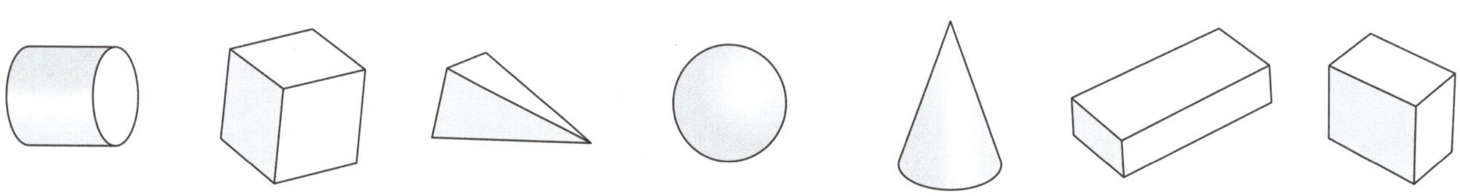

3 **Écris** le nom de chaque solide.

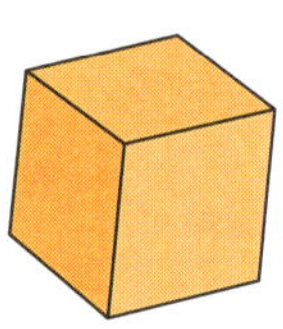 ....

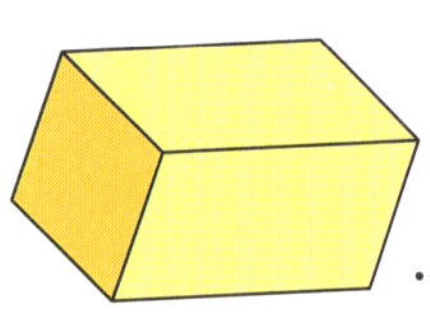 ....

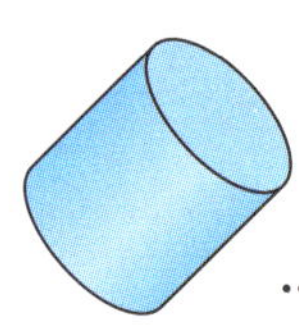 ....

4 **Compte** de 10 en 10.

106 Mesurer des masses

....

Compétences	Mesurer des masses. Utiliser le g et le kg comme unités indépendantes.
Calcul mental	Multiplier par 10. L'enseignant dit : « 34 × 10 » ; l'élève écrit 340.
Activité manipulatoire	Manipuler une balance et des masses marquées.
Prérequis oral	Combien pesez-vous ?
Réinvestissement	Compter de 3 en 3.
Différenciation	Remédiation : Photofiche 94 R.

Découvrons

1 **Écris** la masse de chaque livre.

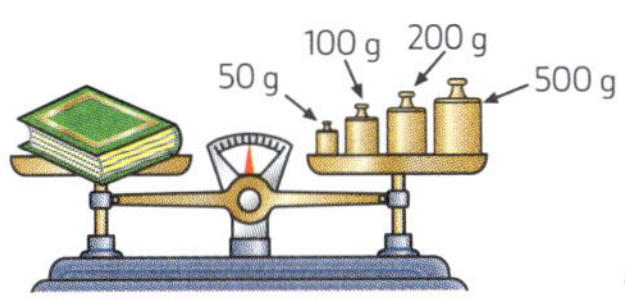

.... g

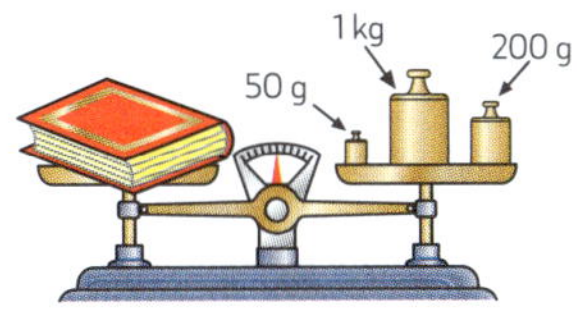

.... kg .... g

Je m'entraîne

2 **Complète** avec g ou kg.

1 ....

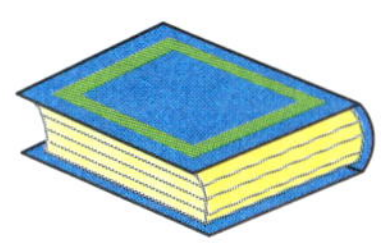

1 ....

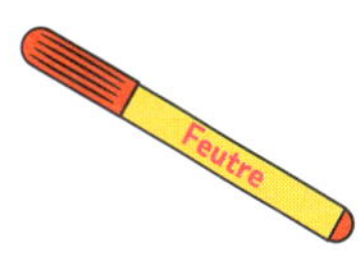

10 ....

8 ....

3 **Complète**.

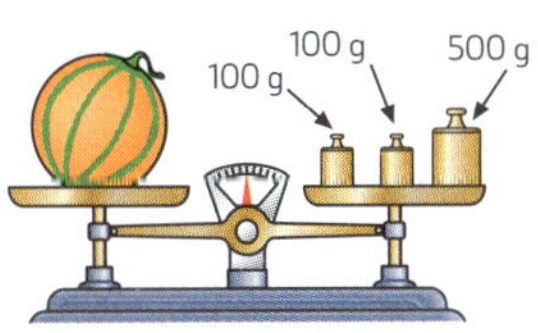

.... g

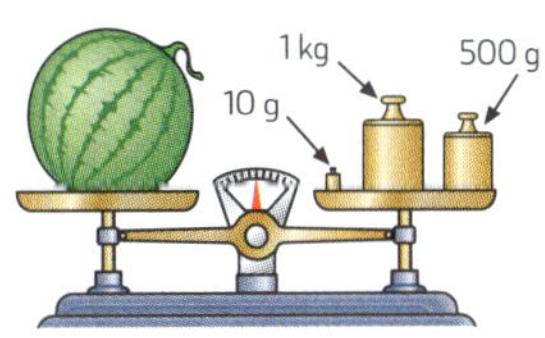

.... kg .... g

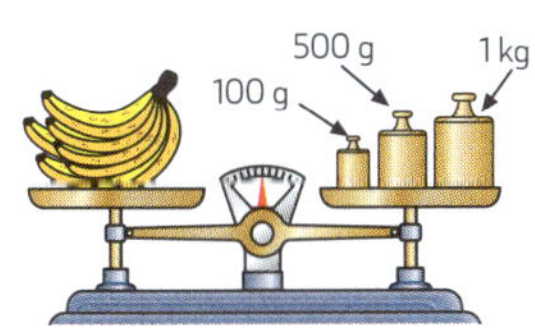

.... kg .... g

4 **PROBLÈME**

Théo a pêché un bar de 1 kg 250 g et une dorade de 450 g.
Quelle masse de poisson a-t-il pêchée ?

....

Théo a pêché .... kg .... g de poisson.

5 **Compte** de 3 en 3.

Le coin du chercheur

De 55 à 65, combien de nombres ont le chiffre des unités plus petit que le chiffre des dizaines ? ....

107 Assembler des petits produits

Compétence	Assembler deux petits produits ayant un facteur commun pour former un nouveau produit.
Calcul mental	Trouver combien de fois 2 dans... L'enseignant dit : « Combien de fois 2 dans 8 ? » ; l'élève écrit 4.
Activité manipulatoire	Assembler des tableaux rectangulaires.
Prérequis oral	À quel produit correspond ce rectangle ? 
Réinvestissement	Convertir des longueurs.
Différenciation	Remédiation : Photofiche 95 R.

....

Découvrons

1 Théo et Léa assemblent les deux rectangles pour former un nouveau rectangle.
Colorie en **vert** le rectangle obtenu.

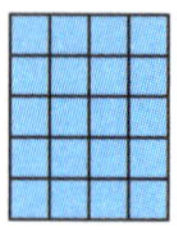

5 × 4

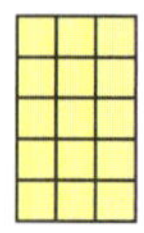

5 × 3

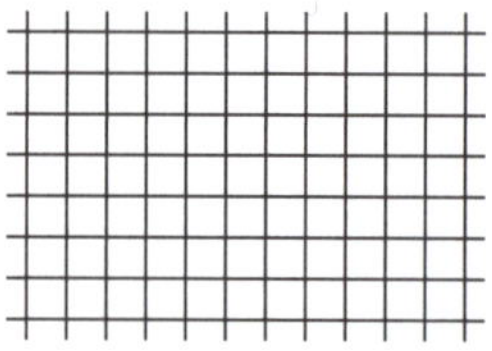

Écris le produit correspondant au rectangle **vert**. .... × ....

Complète. 5 × 4 + 5 × 3 = ... × ....

Je m'entraîne

2 **Assemble** ces 2 rectangles pour former un nouveau rectangle.
Colorie en **vert** le rectangle obtenu.

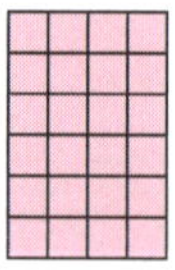

6 × 4

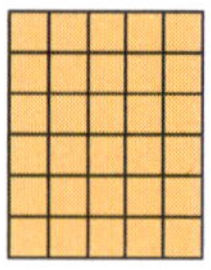

6 × 5

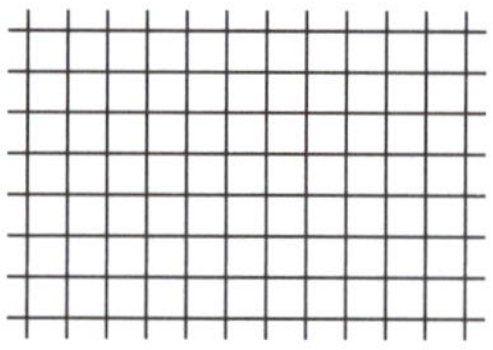

Écris le produit correspondant au rectangle **vert**. .... × ....

Complète. 6 × 4 + 6 × 5 = ... × .... = ...

3 **Entoure** le rectangle et le produit correspondant à l'assemblage des rectangles **bleu** et **jaune**.

3 × 2

3 × 4

→

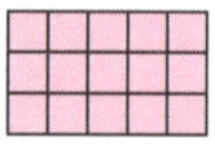

3 × 5

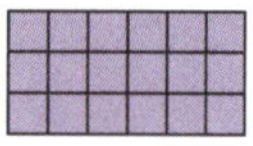

3 × 6

Complète. 3 × 2 + 3 × 4 = ... × .... = ...

4 Valentin mesure 1 m 5 cm. **Écris** sa taille en cm.

....

Valentin mesure .... cm.

108 Calculer la moitié d'un nombre (2)

....	....	....	....	....

Compétence	Calculer la moitié d'un nombre en se servant des moitiés connues.
Calcul mental	Complément à la dizaine supérieure (nombres de deux chiffres). L'enseignant dit : « 17 pour aller à 20 » ; l'élève écrit 3.
Activité manipulatoire	Utiliser les bandes de carreaux.
Prérequis oral	Par quels chiffres se terminent les nombres pairs ?
Réinvestissement	Multiplier par 10.
Différenciation	Remédiation : Photofiche 96 R.

Découvrons

1 **Aide** Léa à calculer la moitié de 14.

MATÉRIEL G

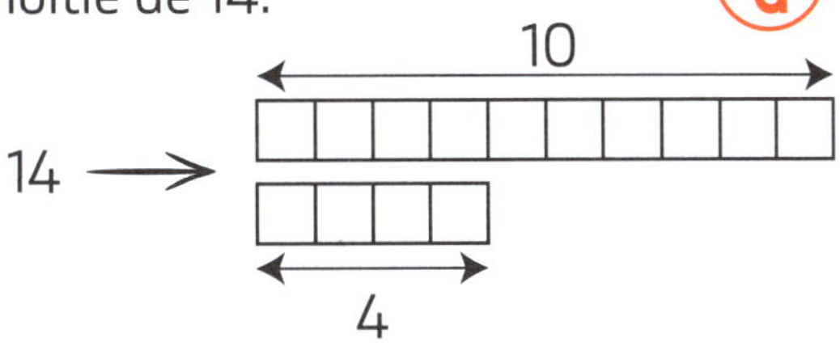

Apprends par cœur ces moitiés. Tu pourras alors calculer la moitié de tous les nombres pairs.

Moitié de 2 = 1
Moitié de 4 = 2
Moitié de 6 = 3
Moitié de 8 = 4
Moitié de 10 = 5

Colorie en jaune la moitié des 10 premières cases et en bleu la moitié des 4 autres cases.

Complète.

Moitié de 14 = moitié de 10 + moitié de ....

Moitié de 14 = ... + ... = ...

Je m'entraîne

2 **Calcule** la moitié de 12.

12 = 10 + ...

Moitié de 12 = moitié de 10 + moitié de ....

Moitié de 12 = ... + ... = ...

Calcule la moitié de 18.

18 = 10 + ...

Moitié de 18 = ... + ... = ...

3 **PROBLÈME** Lucas a lu la moitié d'un livre de 16 pages. Combien de pages lui reste-t-il à lire ?

....

....

Il lui reste .... pages à lire.

4 **Calcule**.

8 × 10 = ...

27 × 10 = ...

15 × 10 = ...

50 × 10 = ...

Le coin du chercheur

Trouve les chiffres cachés par ◆ et ✱.

```
  ◆ ◆
+ ◆ ✱
-----
  8 9
```

◆ = ...   ✱ = ...

109 Calcul en ligne :
Calculer un produit (1)

Compétence	Calculer un produit (les 2 termes inférieurs à 10).
Calcul mental	Table de 4 de la multiplication. L'enseignant dit : « 6 × 4 » ; l'élève écrit 24.
Activité manipulatoire	Découper des tableaux rectangulaires.
Prérequis oral	Connaissez-vous 7 × 5 ? 7 × 4 ?
Réinvestissement	Connaître la monnaie.
Différenciation	Remédiation : Photofiche 97 R.

Découvrons

1 **Observe** comment Léa calcule 7 × 9 sans connaître les tables de 7 et de 9. **Termine** son calcul.

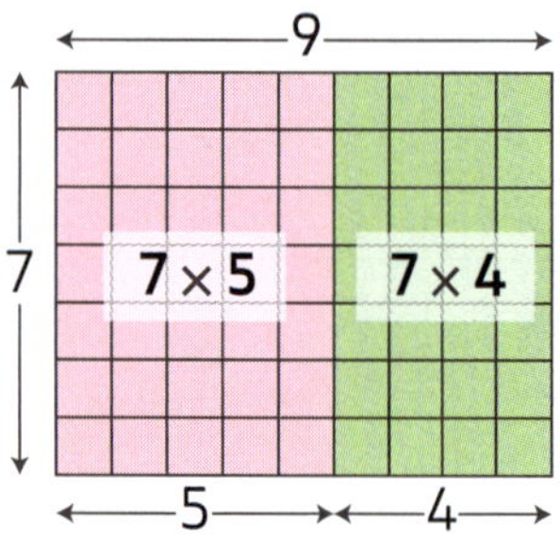

Pour calculer 7 × 9, je découpe le rectangle en deux et j'utilise les tables de 5 et de 4 que je connais.

7 × 9 = 7 × 5 + 7 × 4

7 × 9 = ... + ...

7 × 9 = ...

Je m'entraîne

2 **Calcule** 6 × 7.

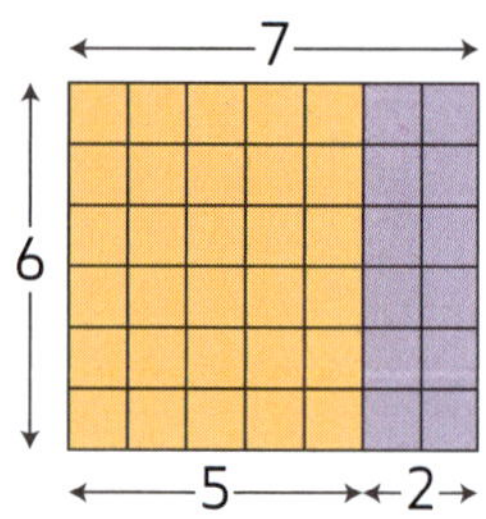

6 × 7 = 6 × .... + 6 × ....

6 × 7 = ... + ...

6 × 7 = ...

3 **Calcule** 9 × 8.

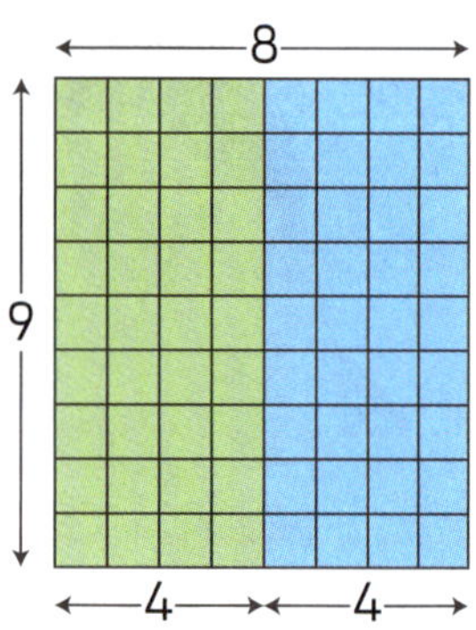

9 × 8 = 9 × .... + 9 × ....

9 × 8 = ... + ...

9 × 8 = ...

4 **Écris** cette somme en euros.

.... €

110 Multiplier par un nombre entier de dizaines, de centaines

....

Compétences	Multiplier par un nombre entier de dizaines, de centaines.
Calcul mental	Différence entre deux multiples de 10. L'enseignant écrit : 50 – 30 ; l'élève écrit 20.
Activité manipulatoire	Jouer avec les billets de 10 à 100 €.
Prérequis oral	Calculez : 21 × 10 ; 8 × 100.
Réinvestissement	Identifier un polyèdre.
Différenciation	Remédiation : Photofiche 98 R.

Découvrons

1 **Aide** Léa et Théo à calculer le nombre de chaque article. **Complète**.

30 c'est 3 dizaines
7 × 30 = 7 × 3 d
7 × 30 = 21 d = ...

Article	Quantité par paquet	Nombre de paquets	Total
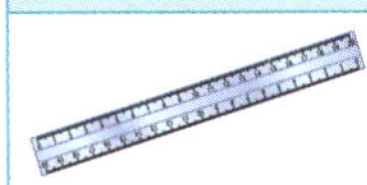	30	7	....
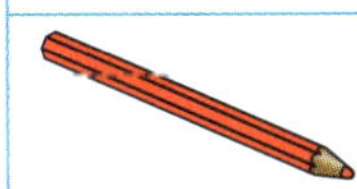	100	2	....
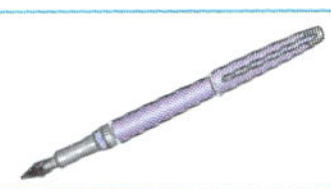	50	6	....
	200	4	....

100 c'est 1 centaine
2 × 100 = 2 × 1 c
2 × 100 = 2 c = ...

Je m'entraîne

2 **Calcule**.

2 × 30 = ...
4 × 30 = ...

4 × 50 = ...
8 × 50 = ...

3 × 100 = ...
9 × 100 = ...

3 × 200 = ...
2 × 400 = ...

3 **PROBLÈME** Au jeu La Monnaie, Kévin possède 7 billets de 50 €.
Quelle somme possède-t-il ?

.... *Kévin possède* .... €.

4 **Colorie** les polyèdres.

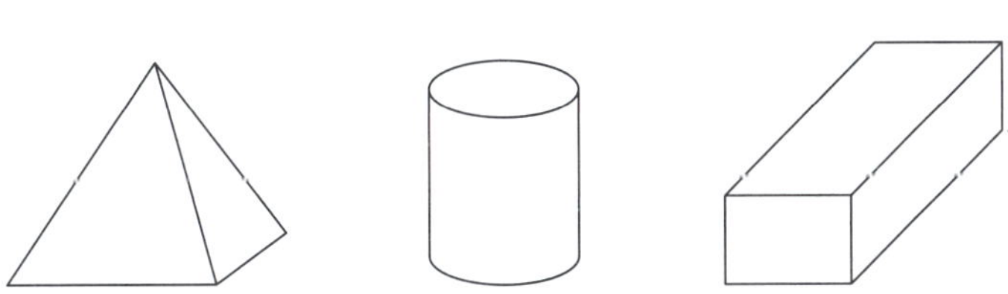

Le coin du chercheur

Ce carré est partagé en 3.
Trace un troisième trait **bleu** qui le partage en 5.

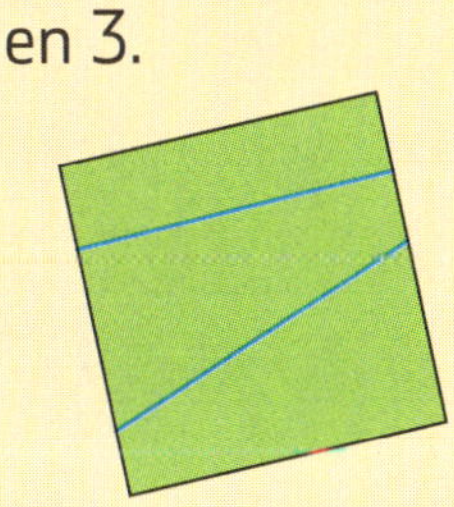

111 Décoder, coder un déplacement (1)

Compétences	Coder ou décoder pour représenter et réaliser des déplacements sur un quadrillage (langage allocentré ou absolu).
Calcul mental	Moitié d'un nombre (nombres ≤ 20). L'enseignant dit : « Moitié de 16 » ; l'élève écrit 8.
Activité manipulatoire	Déplacement sur carrelage.
Prérequis oral	Au jeu de l'oie, comptez-vous la case de ton pion quand vous devez avancer de 2 cases ?
Différenciation	Remédiation : Photofiche 99 R.

Découvrons

1 Le papillon butine des fleurs avant de se poser sur la fleur rose.
Utilise le codage pour colorier les fleurs que le papillon butine.

(2) signifie un déplacement de 2 cases vers le bord bleu.

rouge	vert	bleu	jaune	bleu	vert
1	3	2	3	2	1

Je m'entraîne

2 **Complète** le codage du déplacement du papillon jusqu'à la fleur rose.

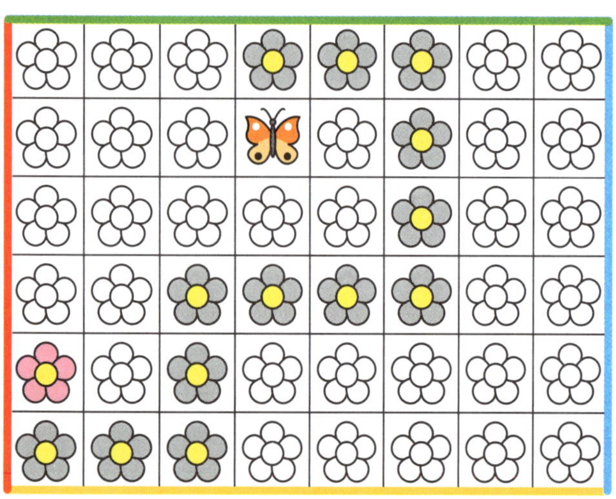

vert	bleu					
1	2	......	......	......	......	......

Colorie chaque rond de la bonne couleur, puis écris le nombre de cases correspondant au déplacement.

112 Problèmes : Utiliser la décomposition des nombres

Compétence	Utiliser la décomposition canonique des nombres pour résoudre un problème de groupement.
Calcul mental	Table de 3 de la multiplication. L'enseignant dit : « 6 × 3 » ; l'élève écrit 18.
Différenciation	Consolidation : Photofiche 100 C.

1 Théo range 52 petites voitures dans des boîtes.
Chaque boîte peut contenir 10 voitures.
Combien de boîtes seront complètes ?

Complète. 52 = ... dizaines .... unités

52 = 10 + 10 + ...

.... *boîtes seront complètes.*

d	u
....	....

Combien de voitures contiendra la boîte incomplète ?

La boîte incomplète contiendra .... *voitures.*

2 Sarah range 418 images dans des pochettes.
Chaque pochette peut contenir 100 images.
Combien de pochettes seront complètes ?

Complète. 418 = ... centaines .... dizaine .... unités

418 = 100 + 100 + ...

.... *pochettes seront complètes.*

c	d	u
....	....	....

Combien d'images contiendra la pochette incomplète ?

La pochette incomplète contiendra .... *images.*

3 Nathan range 120 timbres dans des pochettes.
Chaque pochette peut contenir 10 timbres.
Combien de pochettes complètes obtiendra-t-il ?

Complète. 120 = ... centaine .... dizaines .... unité

Échange 1 centaine contre 10 dizaines. 120 = ... dizaines

Nathan obtiendra .... *pochettes complètes.*

c	d	u
....	....	....

113 Je fais le point (9)

Nombres et calculs

1 **Complète.**

5 × 10 = ... | 10 × 10 = ... | 21 × 10 = ... | 65 × 10 = ...

Multiplier un nombre par dix.

2 **Complète.**

2 × 30 = ... | 5 × 40 = ... | 4 × 100 = ... | 3 × 200 = ...

Multiplier par un nombre entier de dizaines, de centaines.

3 **Calcule** 6 × 9.

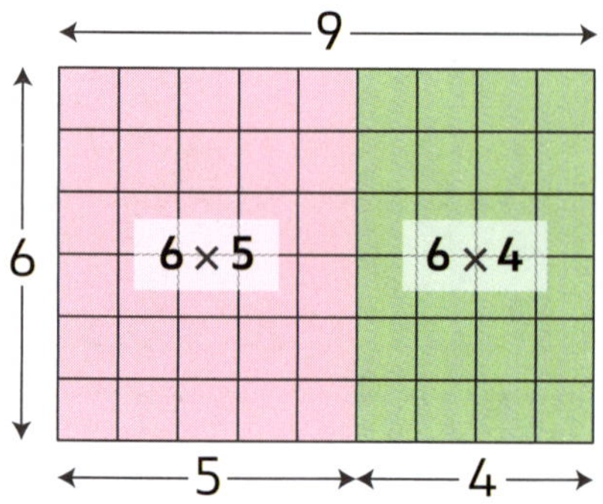

6 × 9 = 6 × .... + 6 × ....

6 × 9 = ... + ...

6 × 9 = ...

Calculer un produit en utilisant la distributivité.

4 **Calcule.**

- **Moitié de 14**

  14 = 10 + ...

  Moitié de 14 = moitié de 10 + moitié de ....

  Moitié de 14 = ... + ... = ...

- **Moitié de 16**

  16 = 10 + ...

  Moitié de 16 = moitié de 10 + moitié de ....

  Moitié de 16 = ... + ... = ...

Calculer la moitié d'un nombre inférieur à 20.

5 Antoine range 63 jetons dans des boîtes pouvant contenir 10 jetons.
Combien de boîtes seront complètes ?

Complète. 63 = ... dizaines .... unités

.... *boîtes seront complètes.*

Utiliser la décomposition canonique des nombres pour résoudre un problème.

Espace et géométrie

6 **Entoure** les polyèdres.

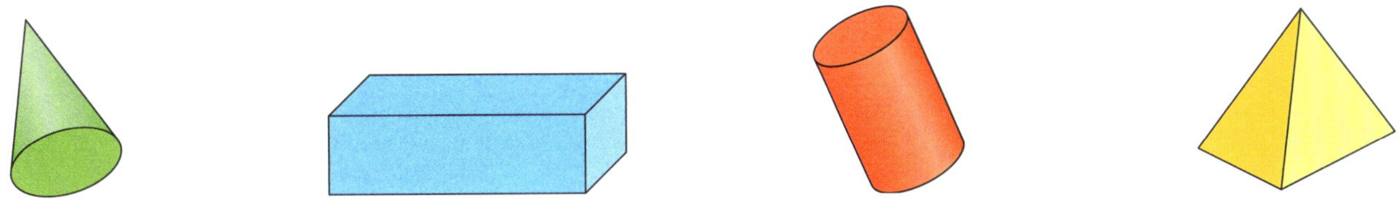

Identifier un polyèdre.

7 **Écris** le nom de chaque solide.

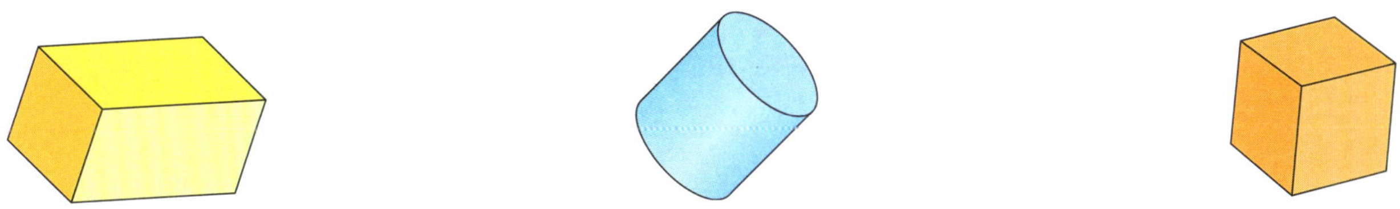

....

Nommer quelques solides.

8 Le papillon butine des fleurs avant de se poser sur la fleur **rose**.
Utilise le codage pour colorier les fleurs que le papillon butine.

Décoder un déplacement.

Grandeurs et mesures

9 **Écris** la masse de la pastèque.

.... kg .... g

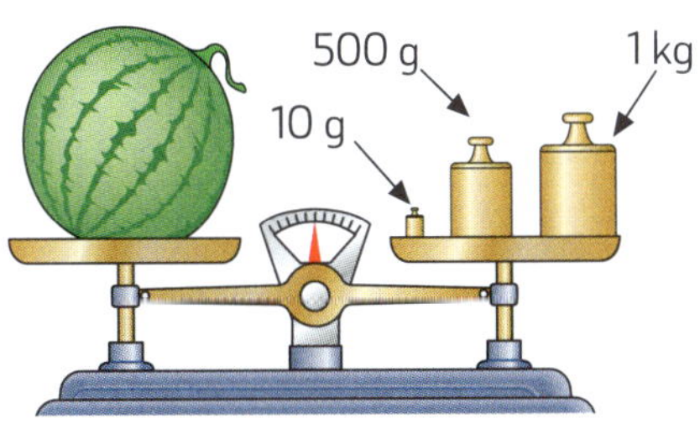

Mesurer une masse.

114 Rendre la monnaie

....	....	....	....	....

Compétence	Rendre la monnaie en euros.
Calcul mental	Retrancher un petit nombre à un nombre de deux chiffres. L'enseignant écrit : 18 – 4 ; l'élève écrit 14.
Activité manipulatoire	Jeu de la marchande.
Prérequis oral	Un ballon coûte 19 €. Puis-je l'acheter avec un billet de 10 € ? de 20 € ? de 50 € ?
Réinvestissement	Multiplier par un nombre entier de dizaines, de centaines.
Différenciation	Consolidation : Photofiche 101 C.

Découvrons

1 **Complète.** MÉMO 14 — MATÉRIEL E — MATÉRIEL F

Mélissa achète ce bouquet.	Elle donne	**Entoure** ce que la fleuriste lui rend.
 13 €		

De 13 €, je vais à 15 € avec une pièce de 2 €.
Puis de 15 €, je vais à 20 € avec un billet de 5 €.

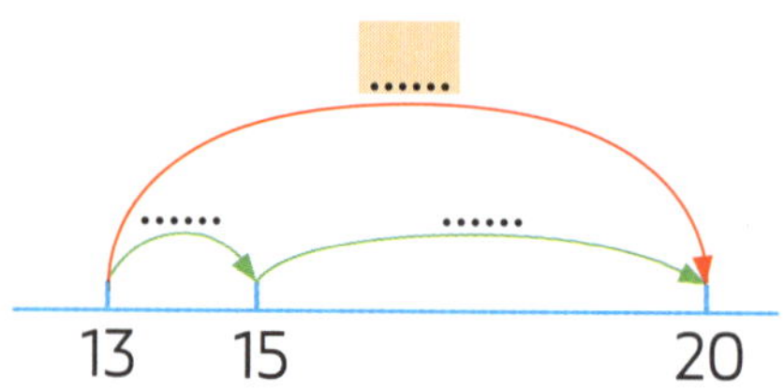

13 € + ... € = 20 €

Je m'entraîne

2 **Complète.**

Théo achète cette lampe.	Il donne	**Entoure** ce que la vendeuse lui rend.
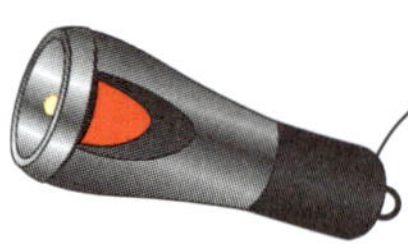 17 €		

17 € + ... € = 20 €

3 **Complète.**

Léa achète cette montre.	Elle donne	**Entoure** ce que le vendeur lui rend.
 34 €		

34 € + ... € = 40 €

4 **Calcule.**

$8 \times 10 =$ ....

$8 \times 100 =$ ....

$4 \times 20 =$ ....

$4 \times 200 =$ ....

$3 \times 30 =$ ....

$3 \times 300 =$ ....

115 Distinguer cube et pavé droit

Compétences	Différencier cube et pavé droit. Identifier faces, sommets et arêtes.
Calcul mental	Retrancher un petit nombre à un nombre de deux chiffres. L'enseignant écrit : 14 – 5 ; l'élève écrit 9.
Activité manipulatoire	Trier des cubes et des pavés.
Prérequis oral	Trouvez un objet en forme de pavé.
Différenciation	Remédiation : Photofiche 102 R.

....

Découvrons

MÉMO 16

1 **Observe** un cube et un pavé droit. **Complète**.

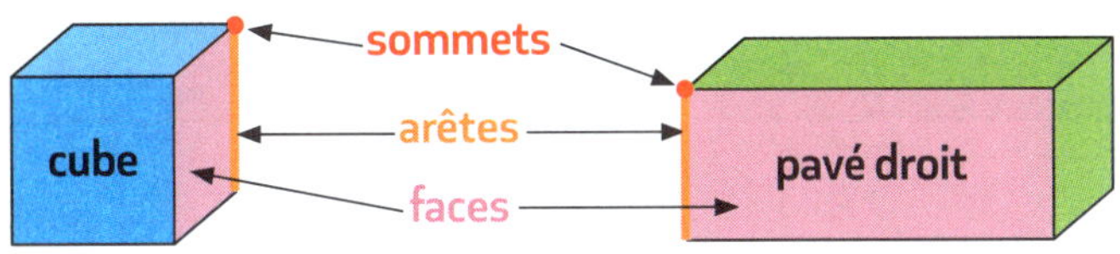

Un cube possède .... sommets, ... faces, ... arêtes.

Un pavé droit possède .... sommets, ... faces, ... arêtes.

2 **Trace** le contour du cube et du pavé droit.

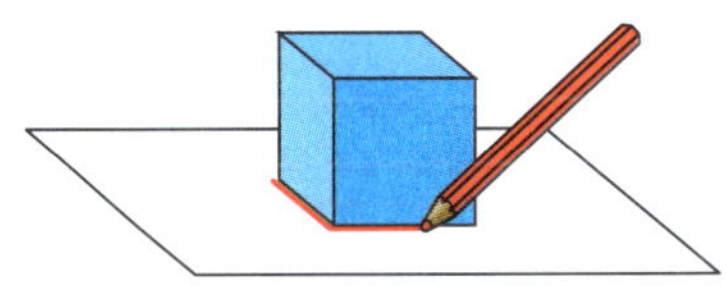

Quel solide ne possède que des faces carrées ? ....

Quel solide peut avoir des faces rectangulaires ? ....

Je m'entraîne

3 **Coche**.

Chaque boule représente : ☐ une face ☐ un sommet

Chaque baguette représente : ☐ une arête ☐ un sommet

J'ai construit ce squelette de cube avec des boules de pâte à modeler et des baguettes de bois.

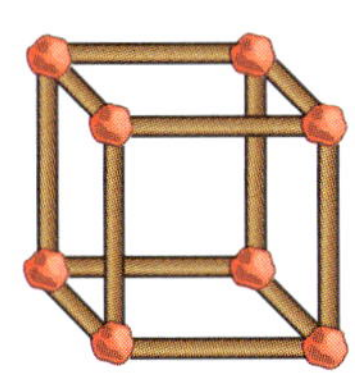

Complète.

Un cube possède .... sommets, ... faces, ... arêtes.

4 Théo et Léa découpent les rectangles nécessaires pour recouvrir entièrement ce pavé droit.
Entoure l'enfant qui a raison.

Je dois découper 6 rectangles.

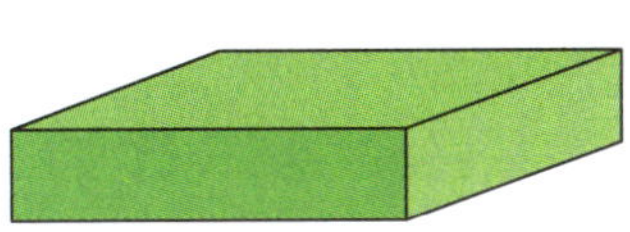

Non, 3 rectangles suffisent.

Le coin du chercheur

$$\begin{array}{cc} & \bigstar\ \bigstar \\ + & \bigstar\ \blacktriangle \\ \hline & 9\ \ 0 \end{array}$$

Trouve les chiffres cachés par ★ et ▲.

★ = ... ▲ = ...

116 Calcul en ligne : Calculer un produit (2)

Compétence	Calculer un produit dont un facteur est supérieur à 10.
Calcul mental	Table de 4 de la multiplication. L'enseignant dit : « 5 × 4 » ; l'élève écrit 20.
Activité manipulatoire	Découper des tableaux rectangulaires.
Prérequis oral	Savez-vous calculer 6 × 4 ? 6 × 14 ?
Réinvestissement	Rendre la monnaie.
Différenciation	Remédiation : Photofiche 103 R.

Découvrons

1 Léa calcule le nombre de fenêtres de cet immeuble.
Complète ses calculs.

Je dois calculer 6 × 14.

14 = 10 + 4

6 × 14 = 6 × 10 + 6 × ....

6 × 14 = ... + ...

6 × 14 = ...

Cet immeuble comporte .... fenêtres.

Il faut découper l'immeuble en deux en t'aidant du nombre 10.

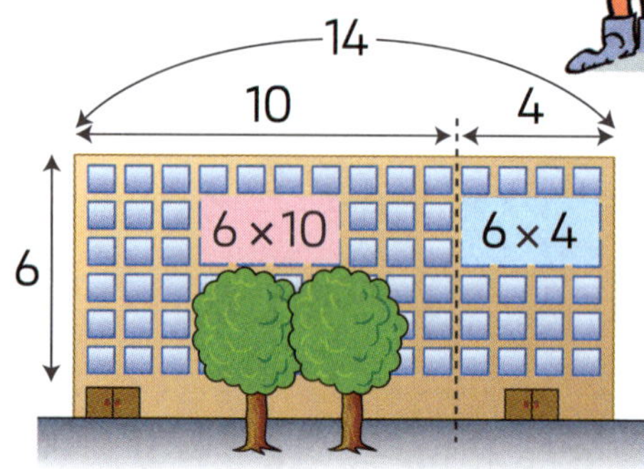

Je m'entraîne

2 **Calcule** 5 × 12.

5 × 12 = 5 × 10 + 5 × ....

5 × 12 = ... + ...

5 × 12 = ...

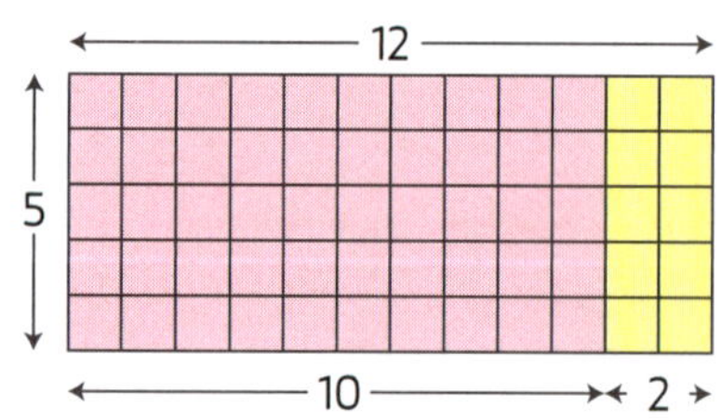

3 **Calcule** 3 × 15.

3 × 15 = 3 × 10 + 3 × ....

3 × 15 = ... + ...

3 × 15 = ...

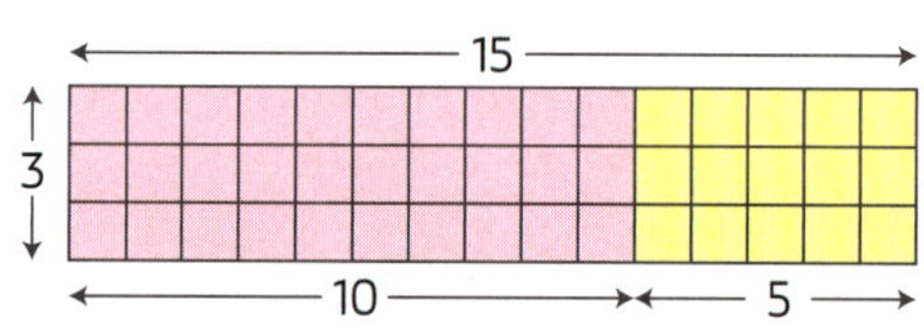

4 **Complète**.

Léa achète ce réveil.	Elle donne	**Entoure** ce que la vendeuse lui rend.
 41 €		

41 € + ... € = 50 €

117 Poser une soustraction avec retenue

Compétence	Calculer une différence par la soustraction posée avec une retenue.
Calcul mental	Ajouter un multiple de 10 à un nombre de deux chiffres. L'enseignant écrit : 34 + 20 ; l'élève écrit 54.
Activité manipulatoire	Le matériel de numération.
Prérequis oral	Peut-on calculer 3 – 5 ? et 13 – 5 ?
Réinvestissement	Distinguer cube et pavé droit.
Différenciation	Remédiation : Photofiche 104 R.

....

Découvrons

1 Théo, Léa et Mélissa calculent 42 – 16. **Complète.** MÉMO 12

Je commence par les unités : 2 – 6. Je ne peux pas enlever 6 à 2 car 6 est plus grand que 2.

	d	u
	4	2
–	1	6

42 = 4 d 2 u. Il faut casser une dizaine dans 42. On obtient 3 d 12 u.

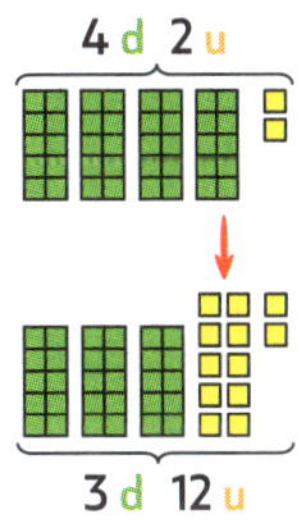

Je peux alors calculer 12 – 6, puis je soustrais les dizaines.

	d	u
	³4̸	¹2
–	1	6
=	......	......

Je m'entraîne

2 **Calcule.**

	d	u
	³4̸	¹5
–	2	7
=	......	......

	d	u
	6	2
–	3	5
=	......	......

	d	u
	3	5
–	1	8
=	......	......

3 **Pose** et **calcule.**

52 – 29 d u

41 – 26 d u

75 – 47 d u

4 **Complète.**

Sur ce dessin de pavé droit,
je vois .... faces.
.... faces sont cachées.

Le coin du chercheur

Je suis le double de la moitié de 20. Qui suis-je ?

Je suis le nombre ....

118 Mesurer des contenances : le litre

Compétences	Comparer des contenances. Introduire le litre.
Calcul mental	Différence entre deux nombres proches. L'enseignant écrit : 52 – 48 ; l'élève écrit 4.
Activité manipulatoire	Transvaser des liquides dans différents contenants.
Prérequis oral	Que signifie 1 L sur l'étiquette d'une bouteille ?
Réinvestissement	Rendre la monnaie.
Différenciation	Remédiation : Photofiche 105 R.

Découvrons

1 Mélissa compare les contenances de quatre récipients.

Je note dans un tableau le nombre de verres que je verse pour remplir chaque récipient.

A B C D

Récipient	A	B	C	D
Nombre de verres	12	4	2	8

Range ces récipients de la plus grande contenance à la plus petite. .... ; .... ; .... ; ....

2 La bouteille B a une contenance de 1 L.
Pour remplir la casserole D, Léa doit vider 2 bouteilles.

Quelle est la contenance de la casserole ?

....

1 litre (L), c'est la contenance d'une bouteille de lait ou de jus de fruits.

Je m'entraîne

3 Louise peut remplir sa bouteille avec 2 bols ou bien avec 8 pots de yaourt.
Un pot de yaourt a-t-il une plus grande contenance qu'un bol ? ☐ oui ☐ non

4 PROBLÈME Quel arrosoir a la plus grande contenance ?

Je remplis mon arrosoir avec 3 seaux de 2 L.

Contenance de l'arrosoir de Théo : L

Je remplis le mien avec 5 bouteilles de 1 L.

Contenance de l'arrosoir de Léa : L

L'arrosoir de .... a la plus grande contenance.

5 Mohamed achète un DVD qui coûte 18 €. Il paie avec un billet de 20 €.
Combien lui rend le marchand ?

....

Le marchand lui rend .... €.

119 Décoder, coder un déplacement (2)

....	....	....	....	....

Compétences	Coder ou décoder pour représenter et réaliser des déplacements sur un quadrillage (langage autocentré ou relatif).
Calcul mental	Somme de deux nombres. L'enseignant écrit : 43 + 25 ; l'élève écrit 68.
Activité manipulatoire	Déplacement sur carrelage.
Prérequis oral	Votre camarade devient un robot. Guidez-le, par la voix, jusqu'au bureau de l'enseignant.
Différenciation	Remédiation : Photofiche 106 R.

Découvrons

MATÉRIEL H

1 Voici le codage du déplacement de la coccinelle.

↑	↰	↑	↱	↑	↑	↱	↑	↑	↑

Trace son chemin. **Entoure** la fleur d'arrivée.

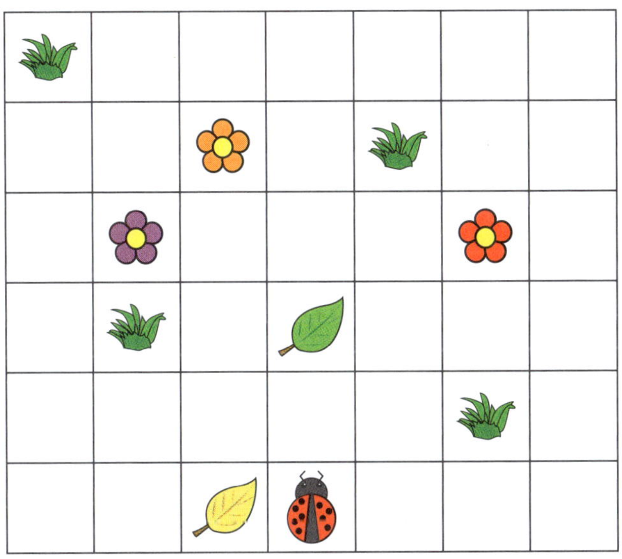

Attention aux cases bleues ! Quand tu tournes, tu tournes sur toi-même sans changer de case.

Code

↑	Avance d'une case
↰	Tourne à gauche
↱	Tourne à droite

Je m'entraîne

2 **Code** le déplacement de la coccinelle jusqu'à la fleur.

Utilise le même code que ci-dessus.

120 Tracer des cercles

Compétence	Construire un cercle sans contrainte, puis à partir du centre et d'un point.
Calcul mental	Trouver combien de fois 5 dans .... L'enseignant dit : « Combien de fois 5 dans 15 ? » ; l'élève écrit 3.
Activité manipulatoire	Primo compas.
Prérequis oral	Comment trace-t-on des cercles ?
Différenciation	Consolidation : Photofiche 107 C.

Découvrons

1 **Place** la pointe du compas sur le point **rouge** et la mine du compas sur le point **vert**. **Trace** ce cercle.

Place, à nouveau, la pointe du compas sur le point **rouge** et **trace** un cercle plus petit que le précédent.

Attention ! la pointe du compas ne doit pas bouger. L'écartement ne doit pas varier pendant le tracé.

MATÉRIEL H

Je m'entraîne

2 **Complète** les cercles et **termine** le coloriage de la couronne.

Place la pointe de ton compas sur le point **rouge**.

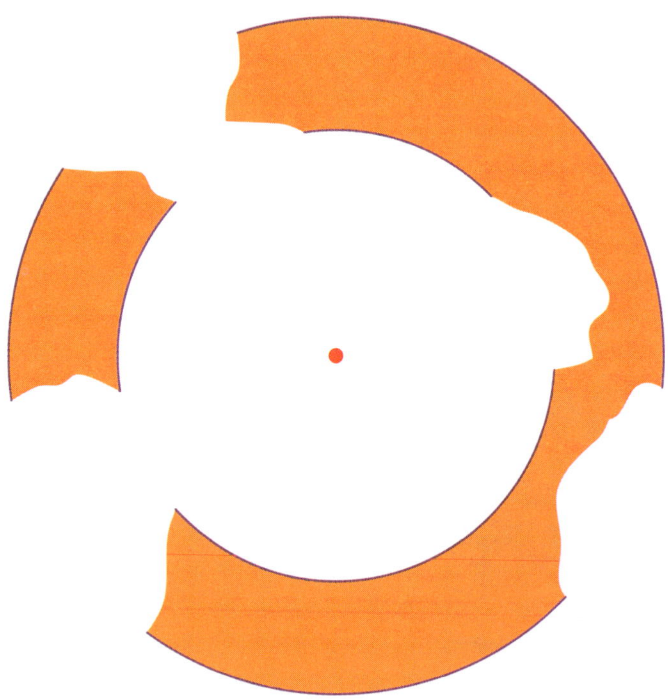

121 Problèmes additifs, soustractifs, multiplicatifs ou de groupement

Compétences	Identifier et résoudre des situations additives, soustractives, multiplicatives ou de groupement.
Calcul mental	Ajouter un multiple de 10 à un nombre de trois chiffres. L'enseignant écrit : 120 + 20 ; l'élève écrit 140.
Différenciation	Consolidation : Photofiche 108 C.

1 Margot possède 50 billes.
Suzie en a 18 de moins.
Combien de billes Suzie possède-t-elle ?

....

Suzie possède .... billes.

2 Pour l'été, Naomi achète cette table, cette chaise et ce parasol.
Combien Naomi va-t-elle payer ?

....

Naomi va payer ....

3 Corentin a acheté 6 boîtes de 3 balles de tennis.
Combien de balles a-t-il achetées ?

....

Corentin a acheté .... balles.

4 Théo a reçu un sac de 45 petites voitures.
Il les range dans des boîtes.
Chaque boîte peut contenir 10 voitures.
Combien de boîtes seront complètes ?

....

.... *boîtes seront complètes.*

122 Maths Aventures (5)
Randonnée en montagne

Quand ta réponse est correcte, colorie l'étoile. ☆

1 ☆ Le sac à dos vide de Théo pèse 1 kg.
Il y ajoute : une tente de 2 kg, un piolet de 400 g et 1 kg 500 g de nourriture.
Combien pèse son sac ?

Son sac pèse .... kg .... g.

2 ☆ Léa va manger au refuge.
Elle a un billet de 20 €.
Combien lui rendra-t-on ?

.... €

3 ☆ Théo regarde un troupeau de 18 vaches.
La moitié des vaches sont tachetées.
Combien de vaches sont tachetées ?

moitié de .... = ...

.... vaches sont tachetées.

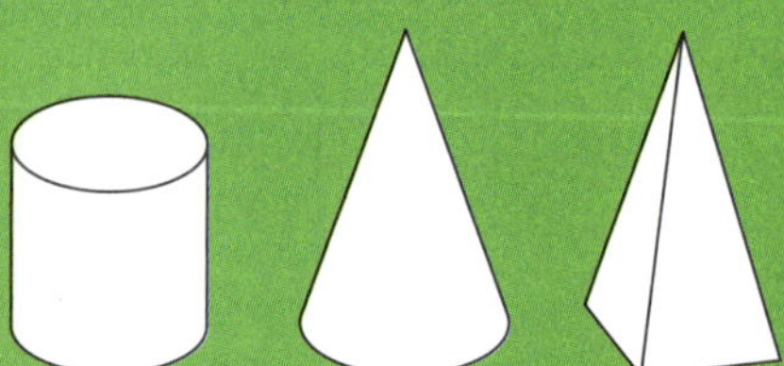

4 ☆ Colorie la pyramide.

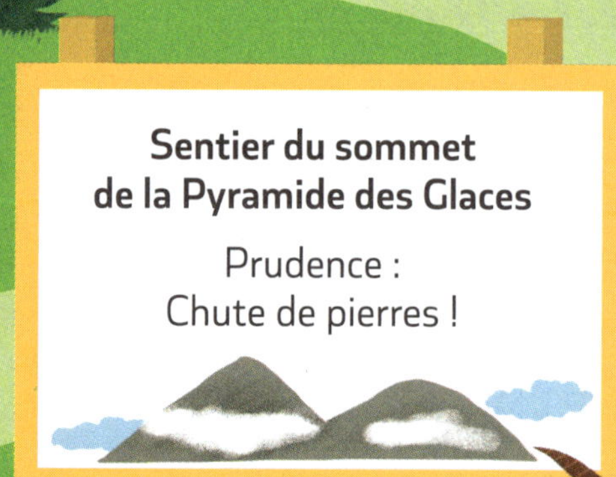

5 ☆ Une marmotte pèse 4 kg. Un bouquetin pèse autant que 20 marmottes.
Combien pèse un bouquetin ?

....

Un bouquetin pèse .... kg.

Si tu as colorié 4 ou 5 étoiles, colorie la médaille d'or ; 2 ou 3 étoiles, colorie la médaille d'argent ; sinon, colorie la médaille de bronze.

123 Je cherche (5)

Compétence	Résoudre des problèmes de recherche personnelle.
Différenciation	Consolidation : Photofiche 109 C.

1. Voici des coffres. Le coffre qui contient un trésor est entouré de coffres portant des numéros plus grands que 58. **Colorie** ce coffre.

40	70	23	74	88
60	31	65	47	73
71	45	71	60	98
41	39	67	36	65
90	92	82	73	77

2. J'ouvre mon fichier de mathématiques. En ajoutant les numéros des deux pages que je vois, je trouve 25. Quels sont ces deux numéros ?

.... ; ....

3. À qui appartient chaque cube ?
Le cube de Mélissa est juste à gauche du cube de Théo.
Le cube de Léa est juste à gauche du cube de Mélissa.
Écris les prénoms sous les cubes.

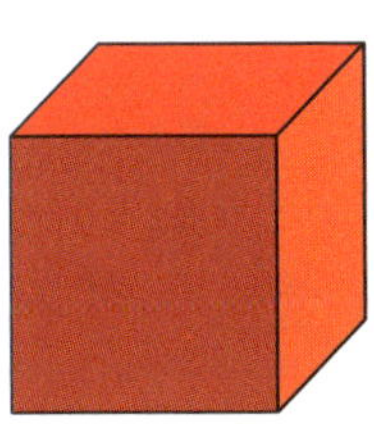

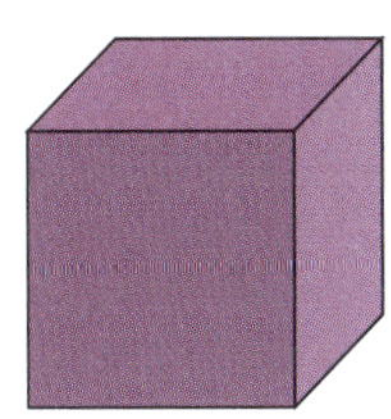

....

124 Je fais le point (10)

Nombres et calculs

1 **Calcule** 4 × 15.

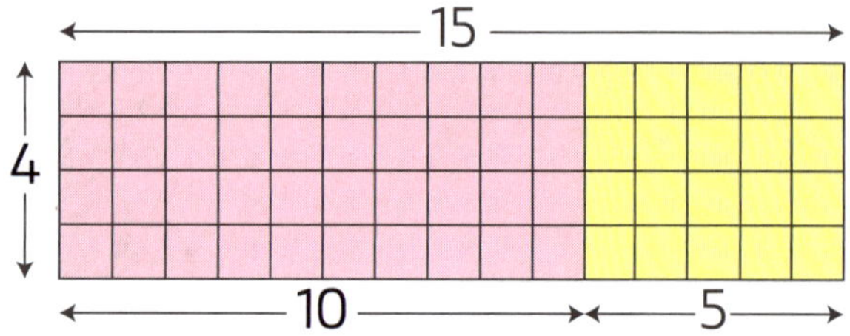

4 × 15 = 4 × 10 + 4 × ....

4 × 15 = ... + ...

4 × 15 = ...

Utiliser la distributivité pour calculer un produit.

2 **Pose** et **calcule**.

42 – 24 = ...

d u

93 – 67 = ...

d u

Poser et effectuer une soustraction avec retenue.

3 En arrivant à l'école,
Théo avait 30 billes.
En partant de l'école,
il en a 46.
Combien de billes Théo a-t-il gagnées ?

....

Théo a gagné .... billes.

Résoudre une situation soustractive.

4 Le cuisinier de la cantine a acheté
7 boîtes de 4 œufs.
Combien d'œufs a-t-il achetés ?

....

Le cuisinier a acheté .... oeufs.

Résoudre une situation multiplicative.

Espace et géométrie

5 **Complète**.

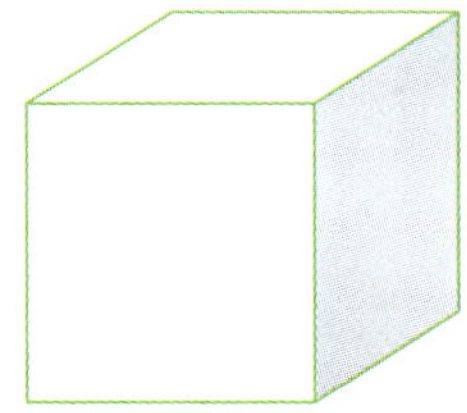

Sur ce dessin de cube, je vois .... arêtes.

.... arêtes sont cachées.

Identifier faces, sommets et arêtes d'un cube.

6 Voici le codage du déplacement de la coccinelle.

MATÉRIEL H

Trace son chemin. **Entoure** la fleur d'arrivée.

Code

↑	Avance d'une case
↰	Tourne à gauche
↱	Tourne à droite

Décoder un déplacement.

Grandeurs et mesures

7 **Complète**.

Mélissa achète ce bouquet.	Elle donne	**Entoure** ce que la fleuriste lui rend.
 16 €		

16 € + ... € = 20 €

Rendre la monnaie.

8 Pour remplir une bouteille, je dois y verser 6 verres **bleus** ou 5 verres **violets**.
Lequel des deux verres a la plus grande contenance ?

Le verre .... a la plus grande contenance.

Connaître une unité de contenance.

Création de la maquette de couverture : Florence Le Maux

Exécution de la maquette de couverture : Médiamax

Création et exécution de la maquette intérieure : Médiamax

Illustrations : Marie Paruit, Sylvain Frécon (Mathix)

Dessins techniques : Jacky Choi, Gilles Poing

Fabrication : Marc Chalmin, Ferdinand Poivert

Édition : Thierry Amouzou

PAPIER À BASE DE FIBRES CERTIFIÉES

hachette s'engage pour l'environnement en réduisant l'empreinte carbone de ses livres. Celle de cet exemplaire est de :
1299 g éq. CO_2
Rendez-vous sur www.hachette-durable.fr

ISBN : 978-2-01-627153-7

www.hachette-education.com

Imprimé en Italie par Stige
Dépôt légal : Février 2018 - Collection n° 85 - Édition 01
81/6121/7

Leçons 7 9 21 29 32 53 56 59

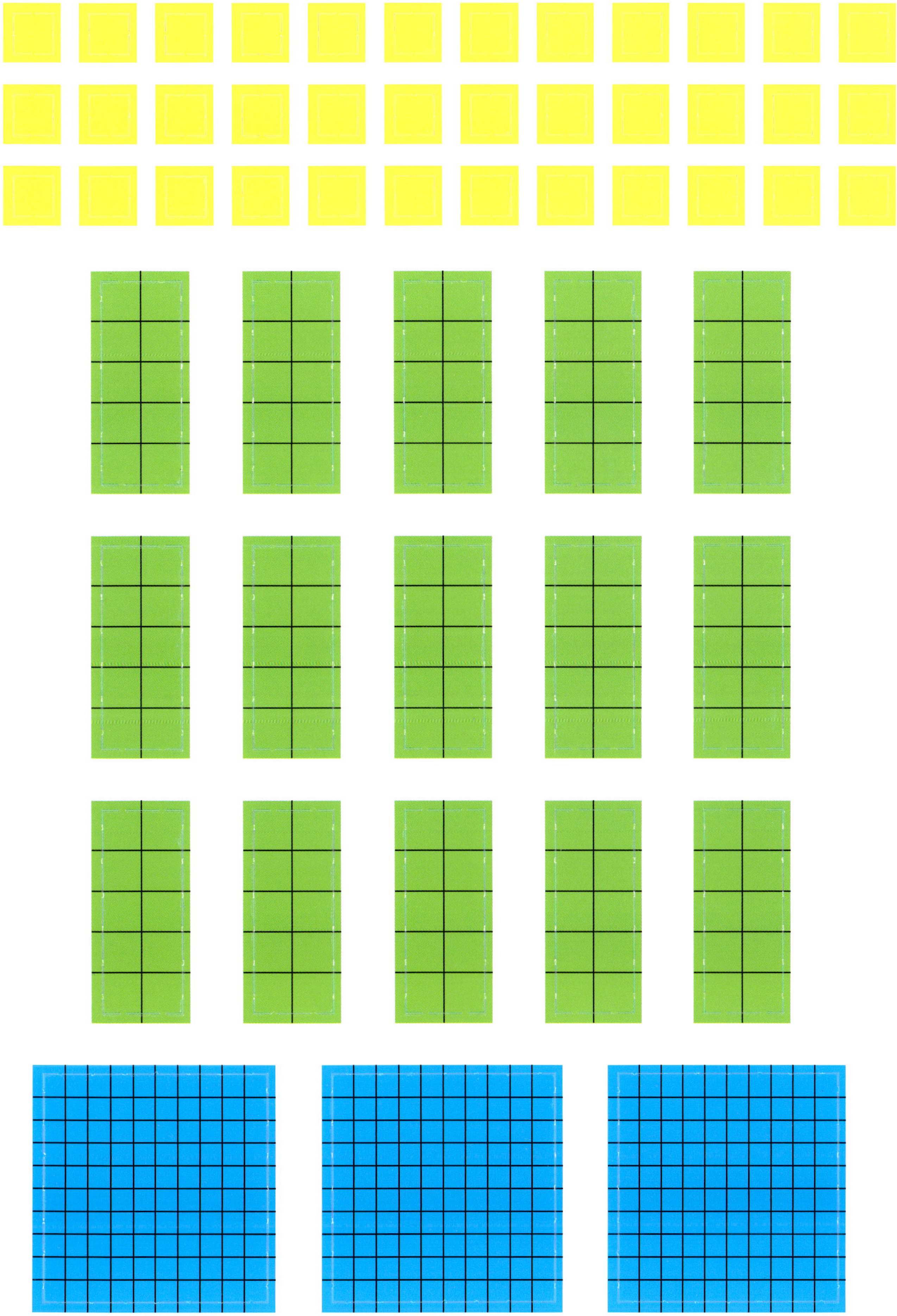

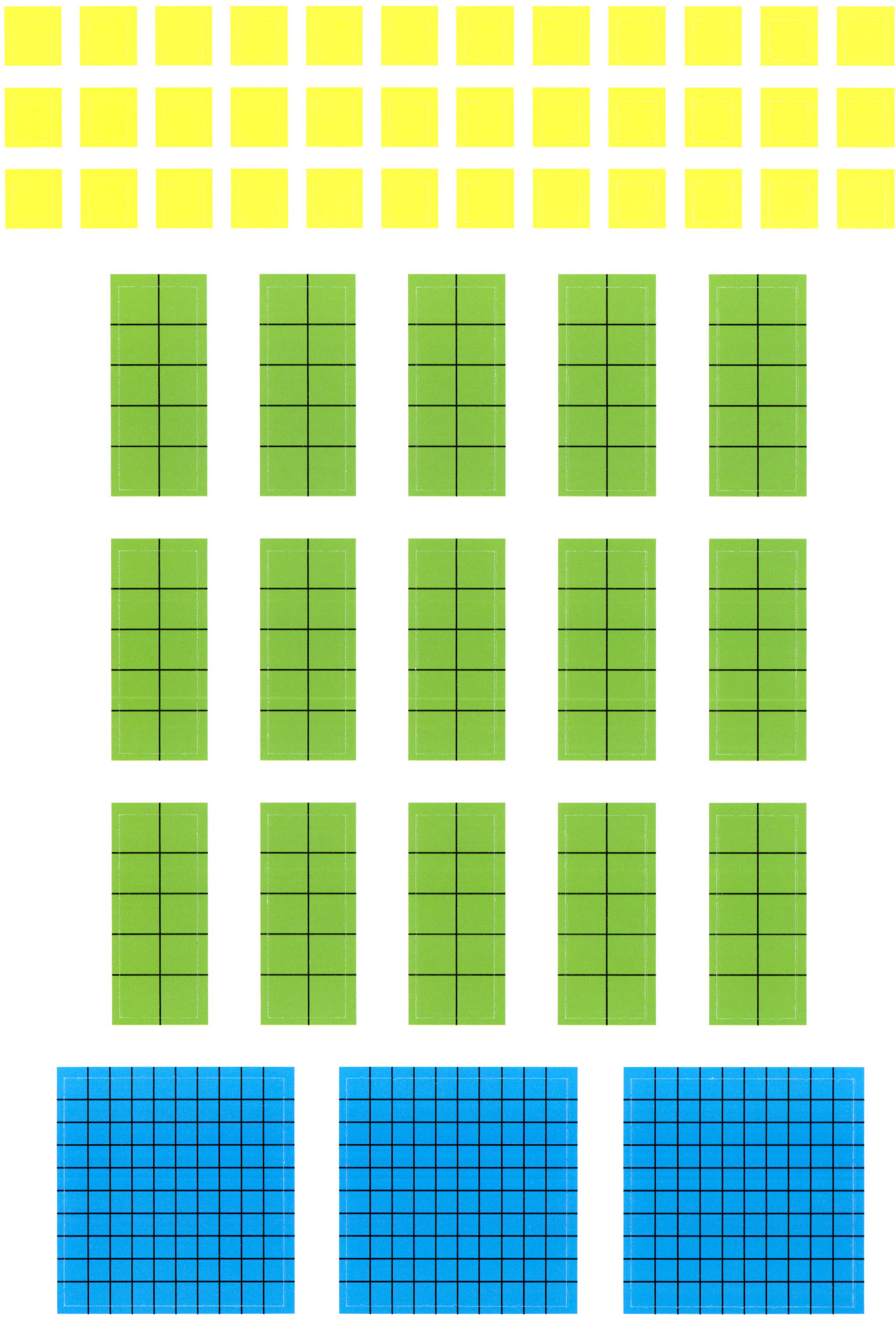

Leçons 35 et 37

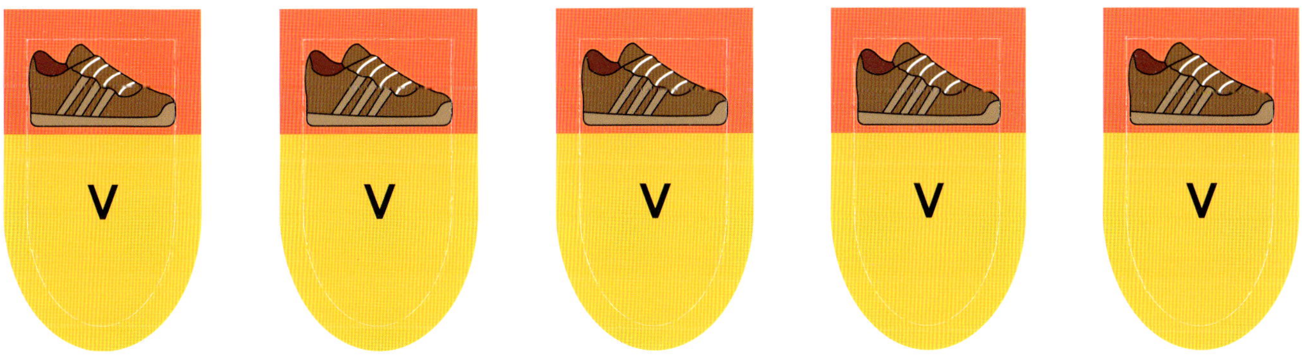

Leçons 43 50 52 55

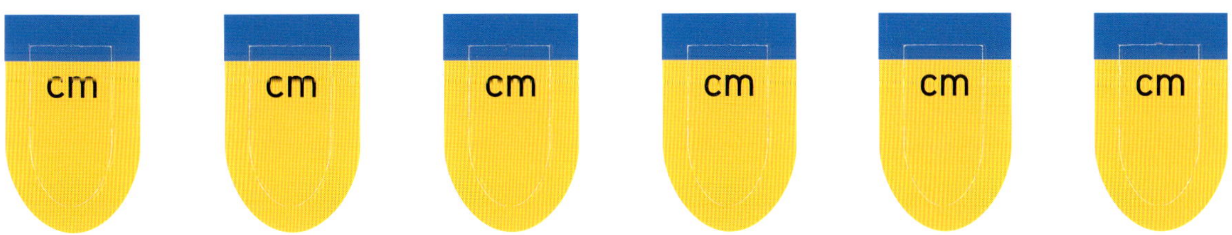

Leçon 66

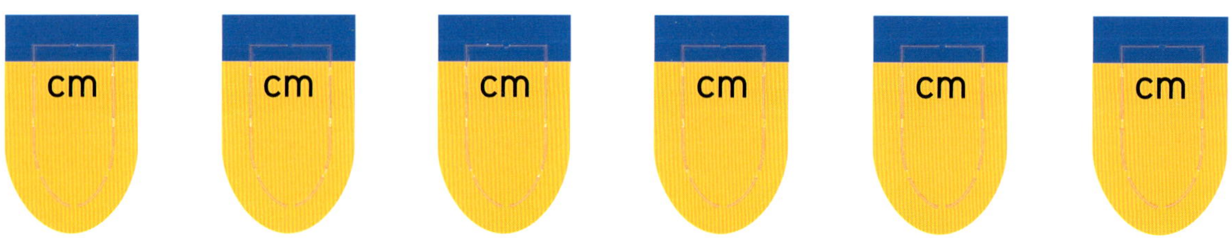
cm
cm
cm
cm
cm
cm

0 1 2 3 4 5 6 7 8 9 10 11 12 13 14 15

0 1 2 3 4 5 6 7 8 9 10 11 12 13 14 15

Leçons 64 68

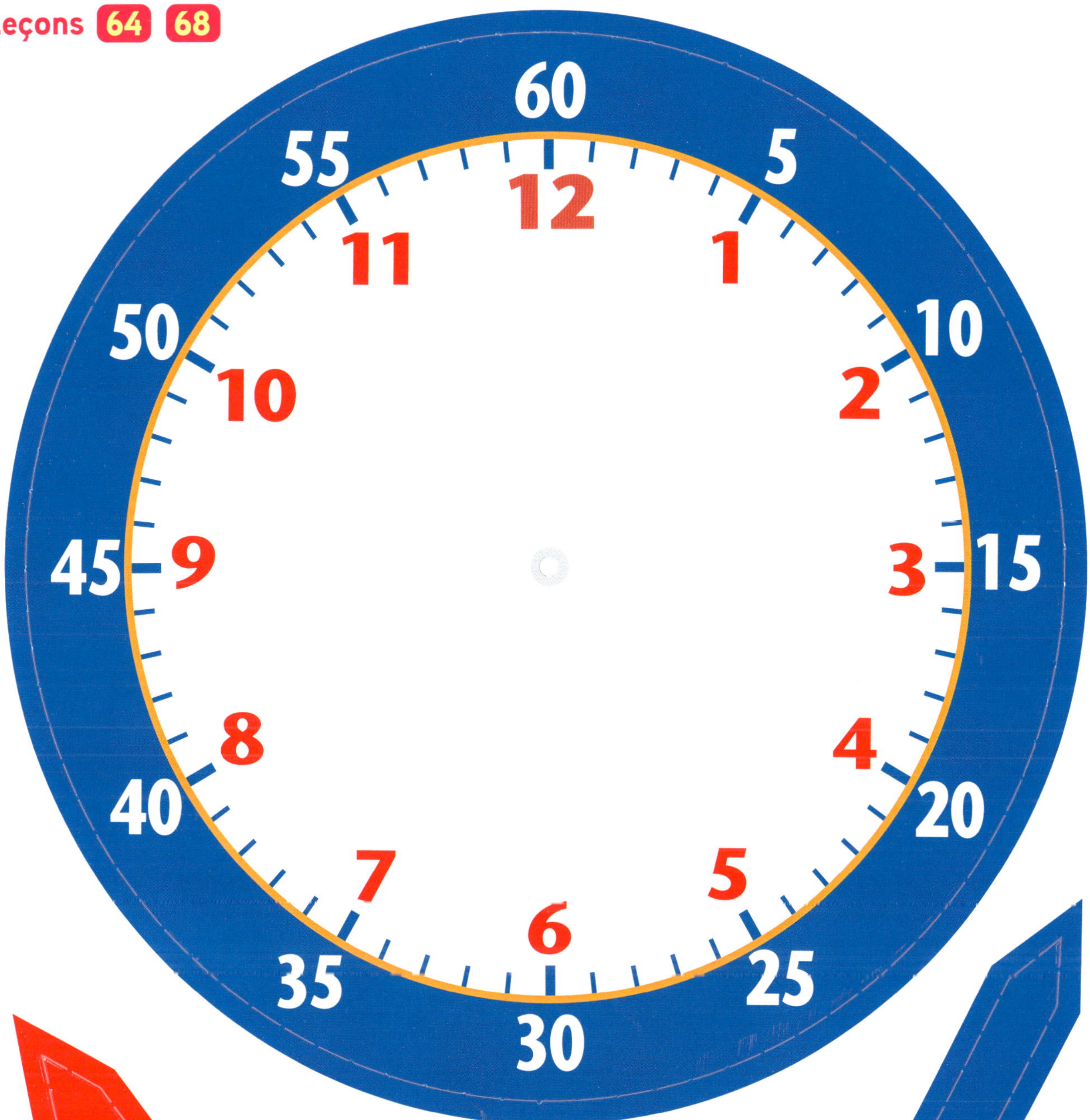

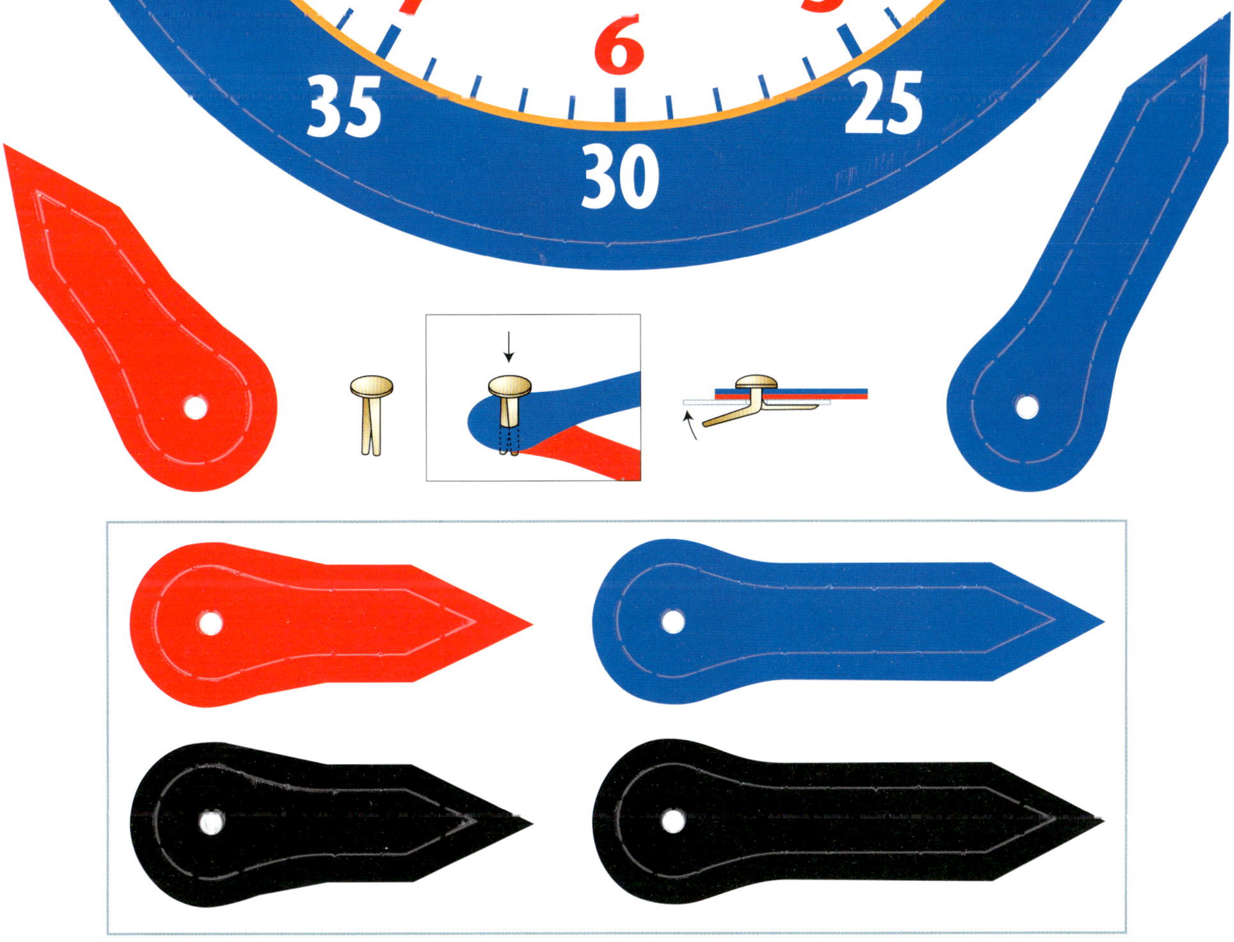

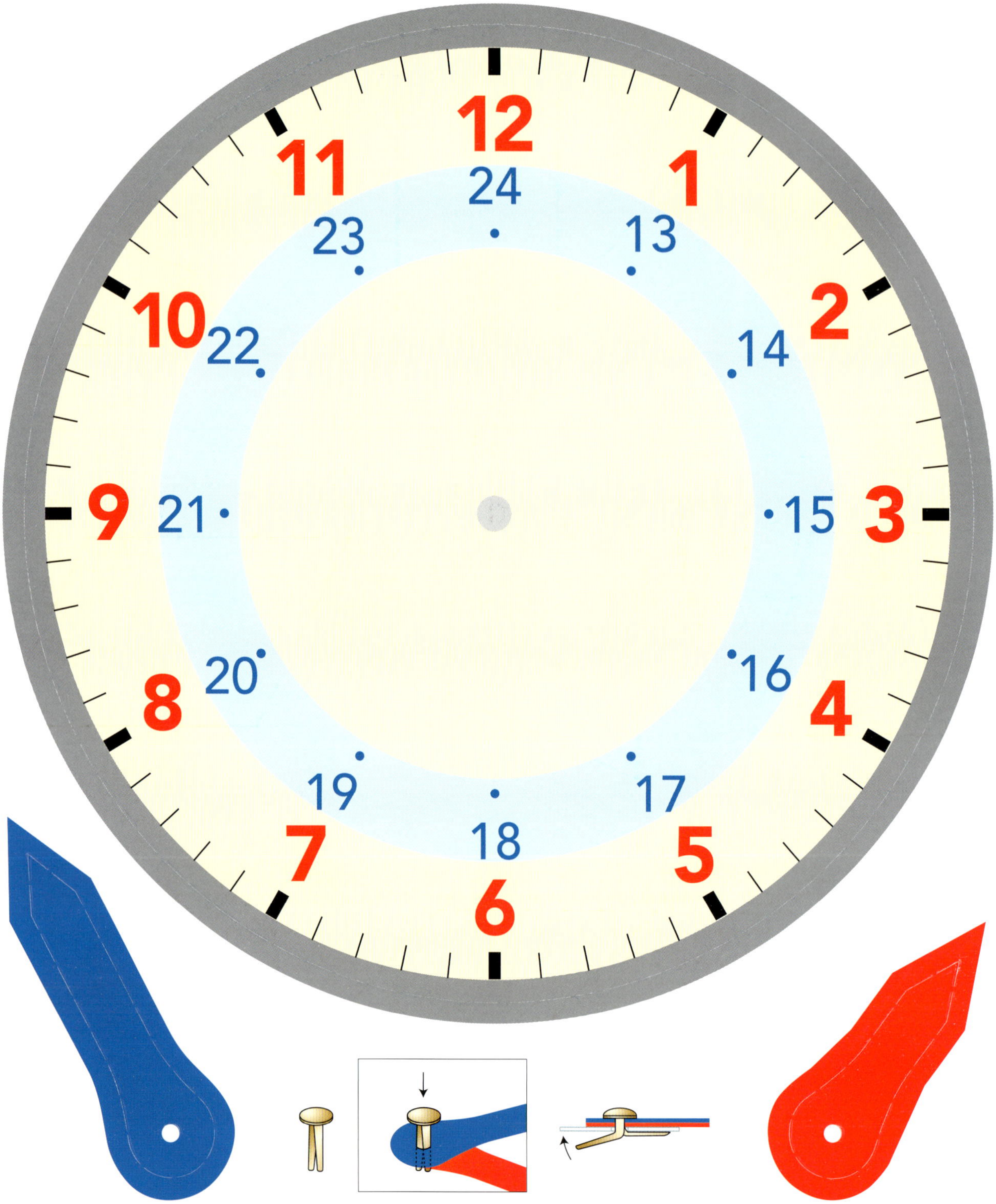
12
1
2
3
4
5
6
7
8
9
10
11
13
14
15
16
17
18
19
20
21
22
23
24

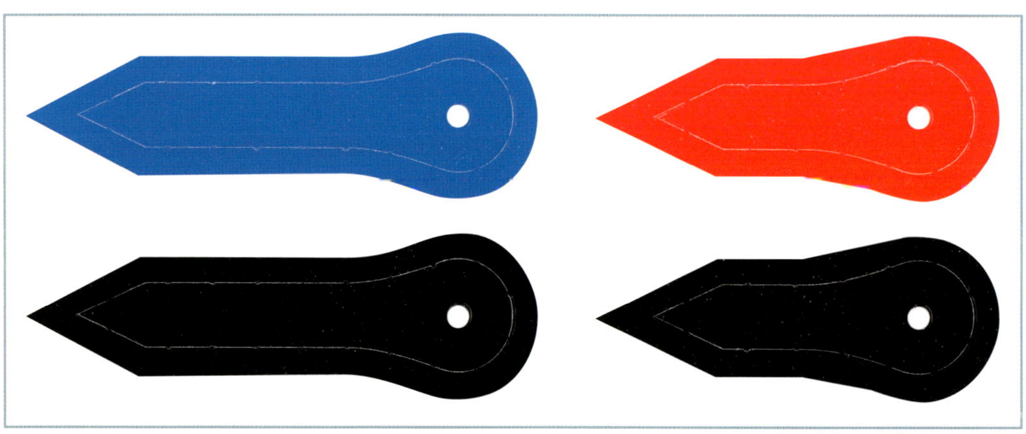

Leçons 46 47 49 50 54 56 57 58 59 63 73 75 76 80 86 91

Leçon 60

A

B

C

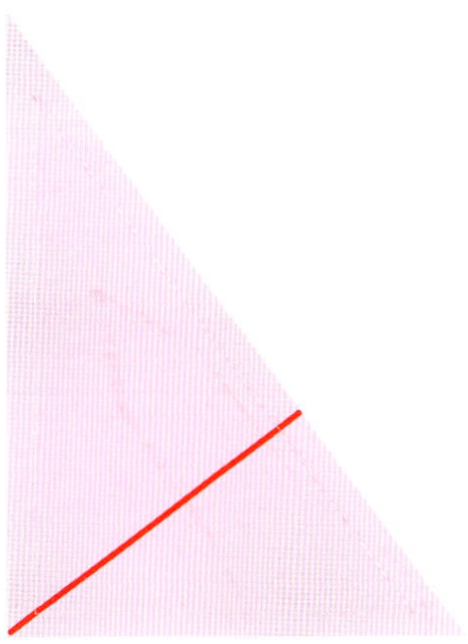

D

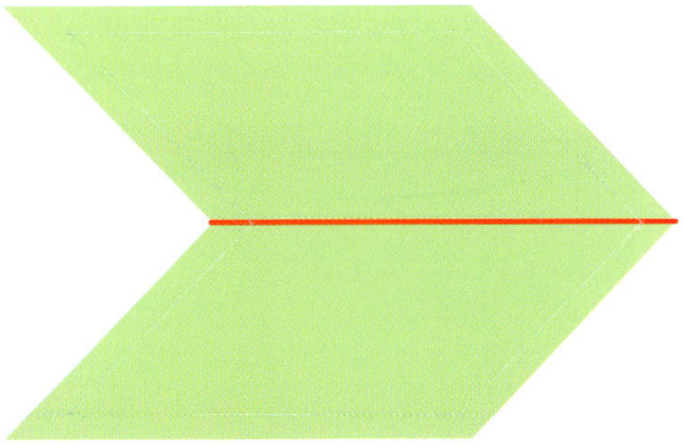

E

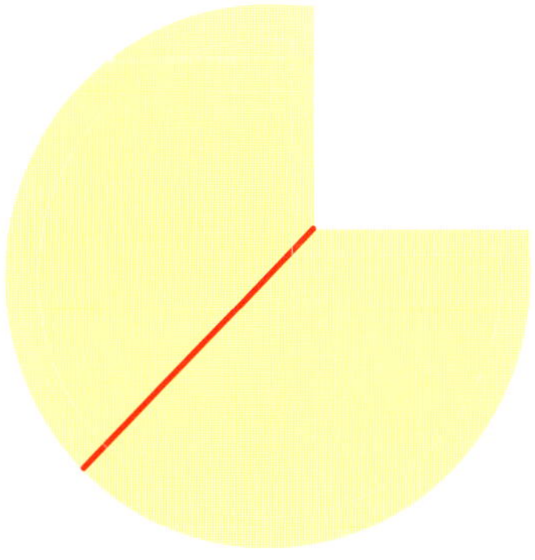

F

Leçon 63

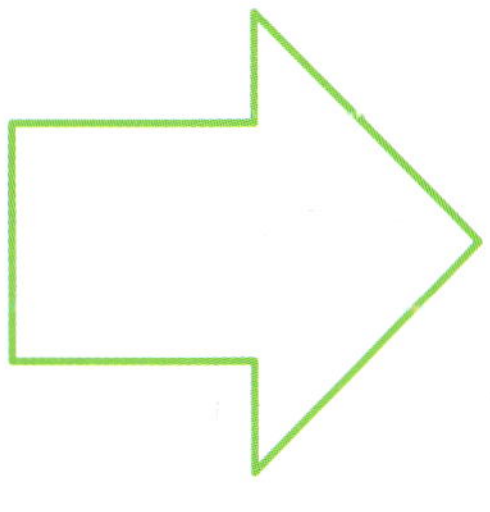

C

B

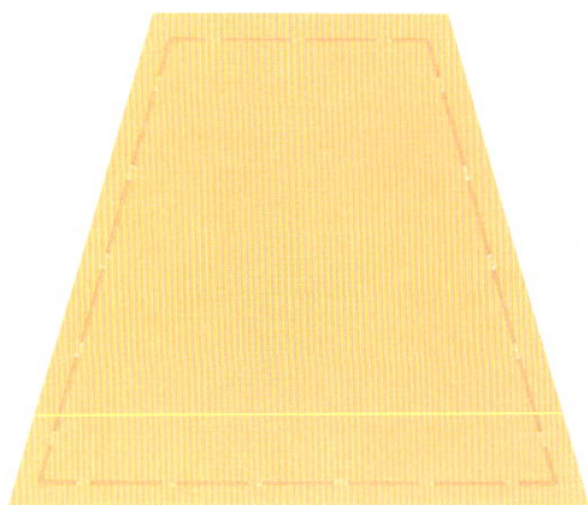

A

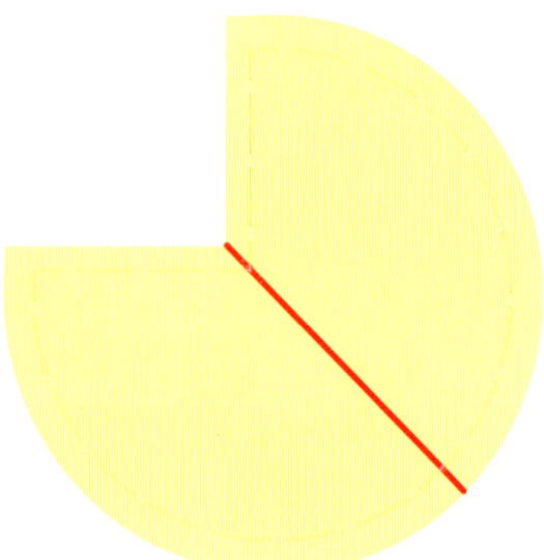

F

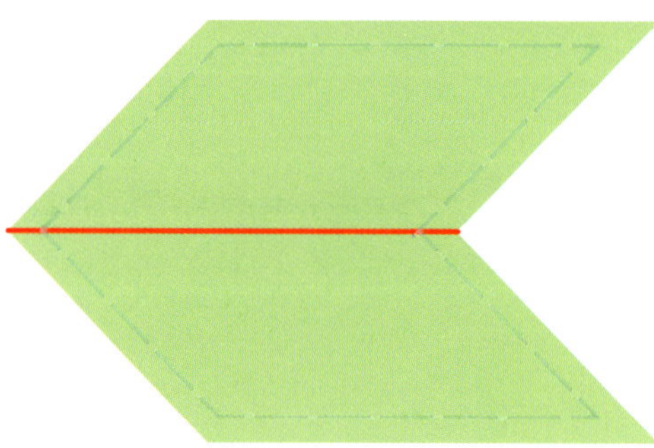

E

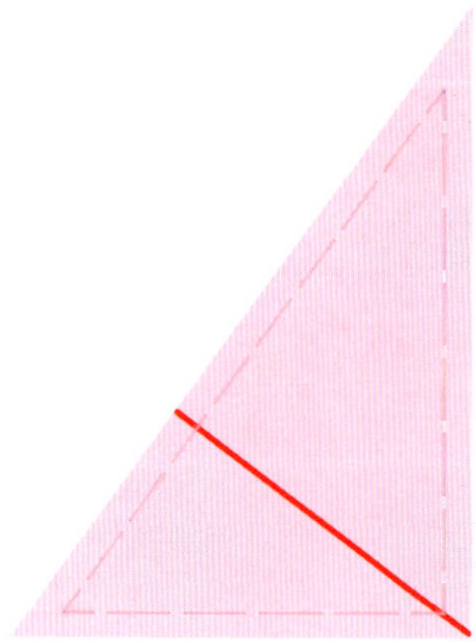

D

Leçons 71 114

Leçons 71 114

10
EURO
EYPΩ

10
EURO
EYPΩ

10
EURO
EYPΩ

100
012345678900
100
100

200
200
200

500
012345678900
500
500

UB0061605155
5
EURO
EYPΩ

UB0061605155
5
EURO
EYPΩ

20
EURO

20
EURO

50
EURO
EYPΩ

50
EURO
EYPΩ

Leçons 84 108

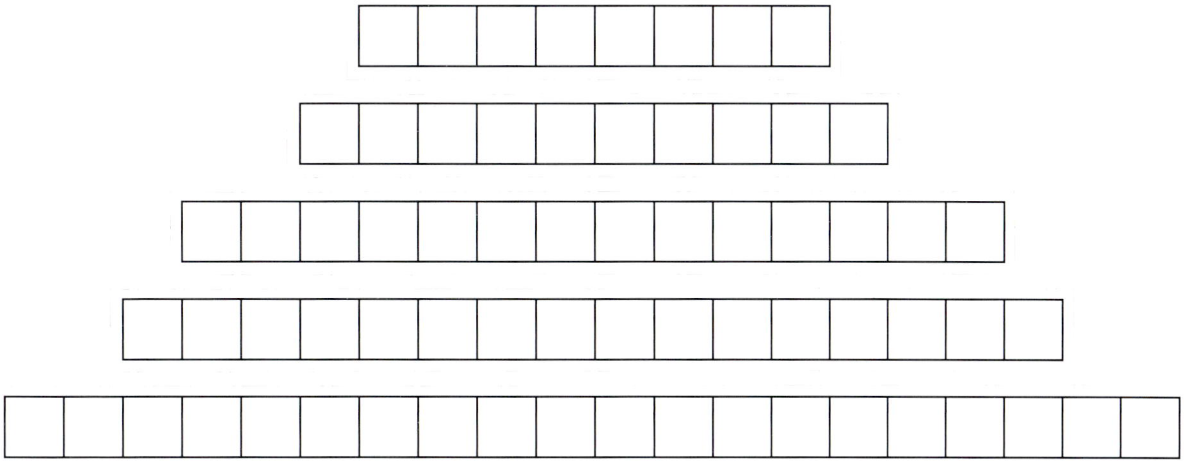

Leçon 80

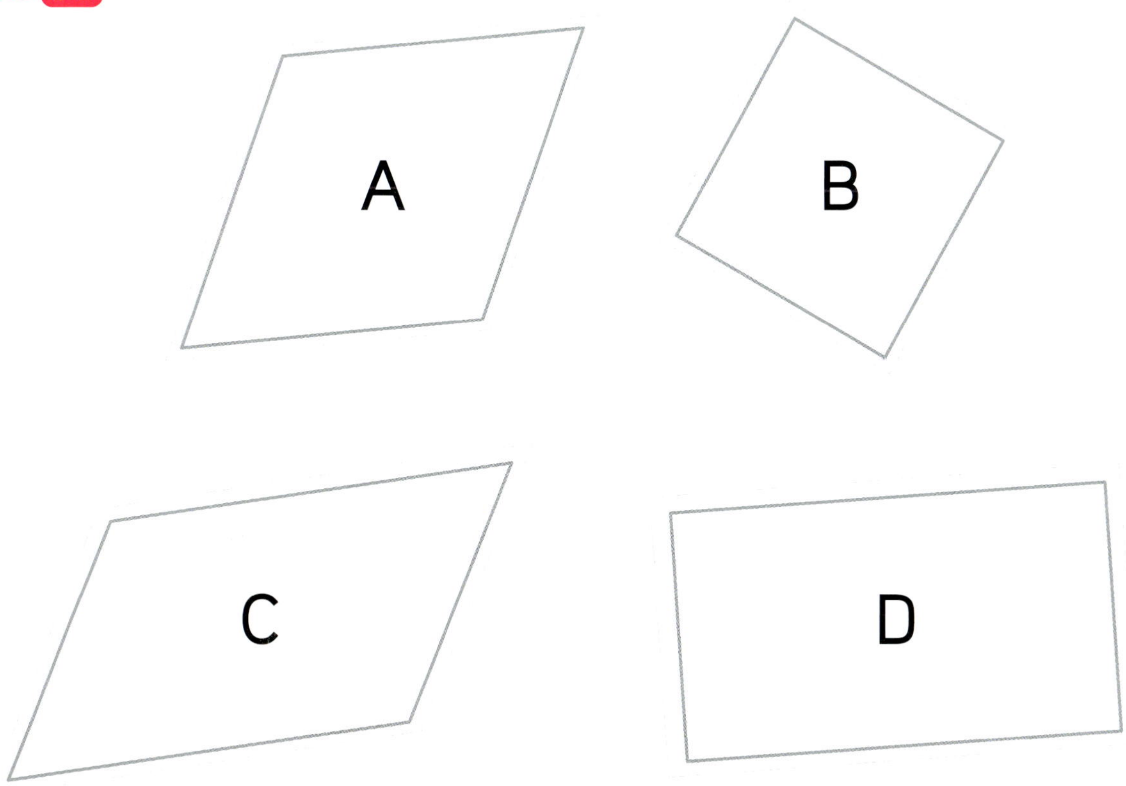

Leçon 95

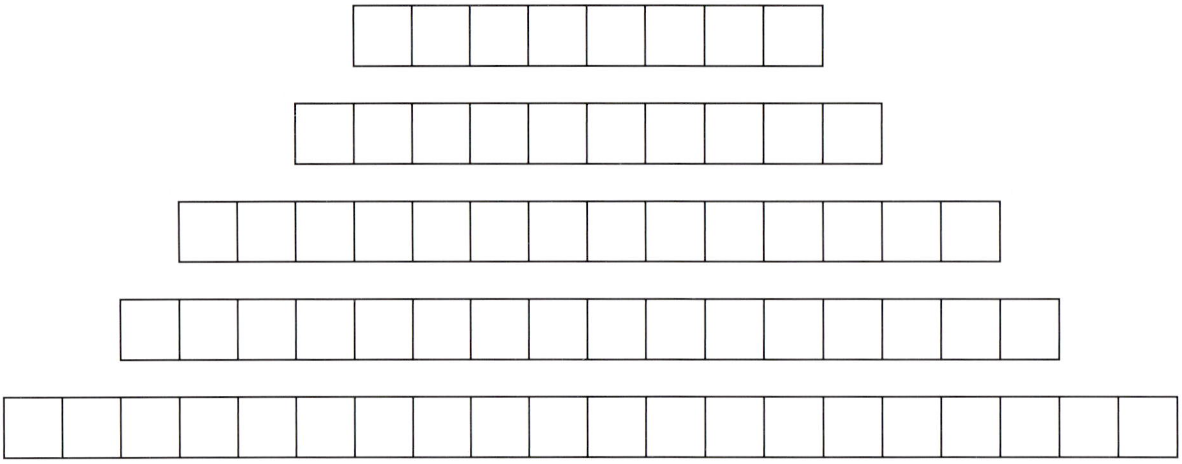

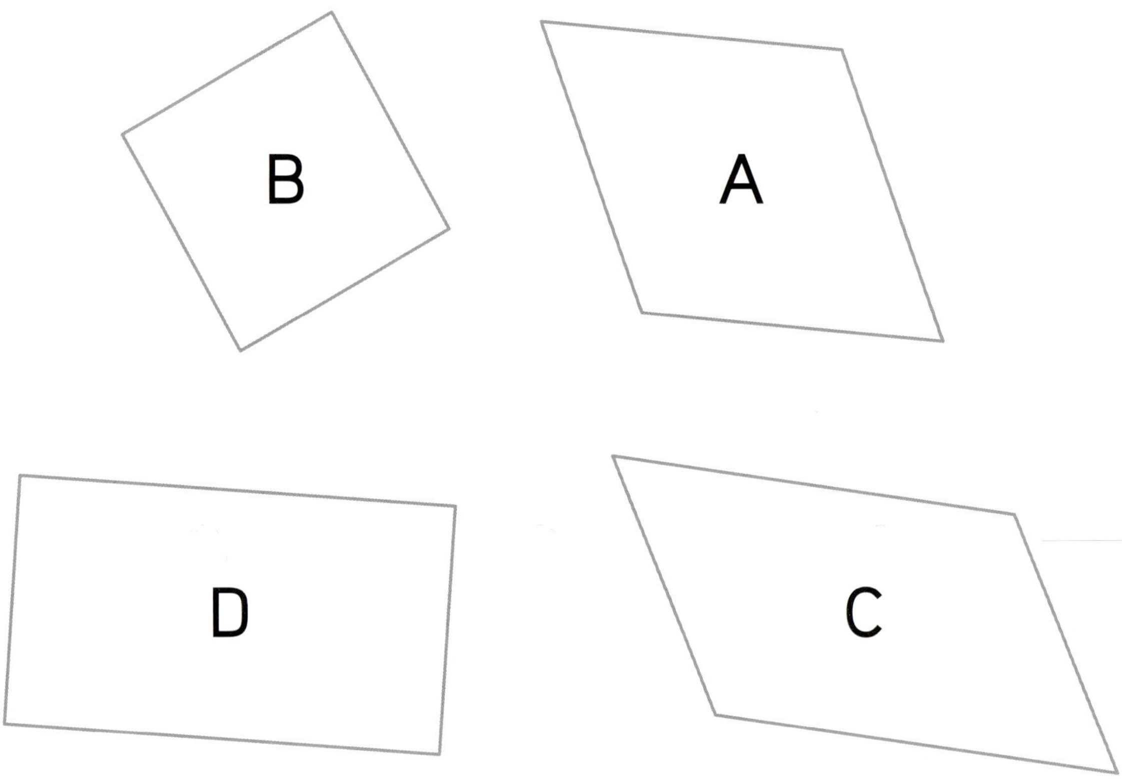
B
A
D
C

Leçon 86

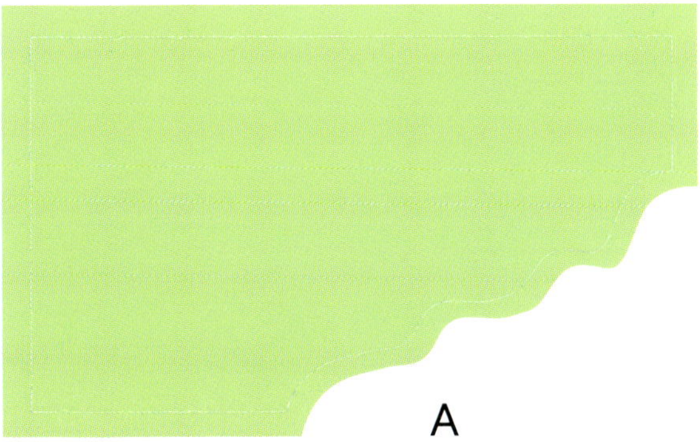

A

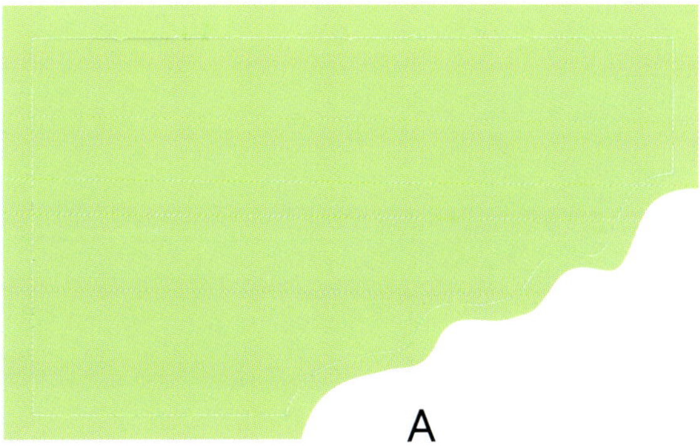

A

B

B

Leçon 119

Leçon 120

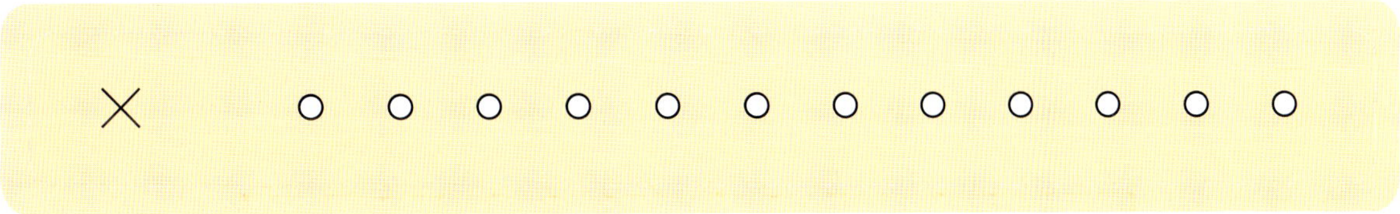

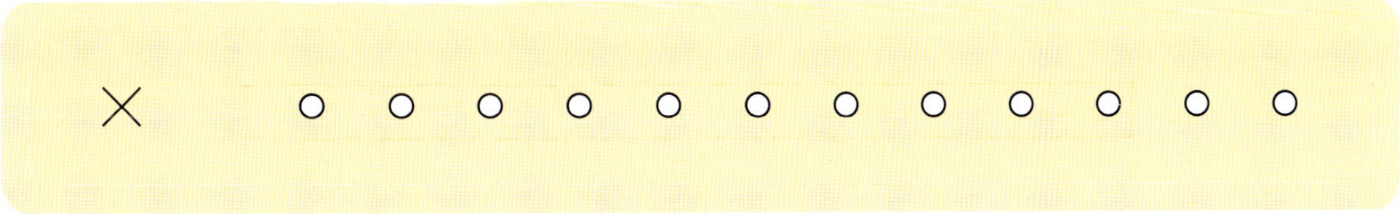

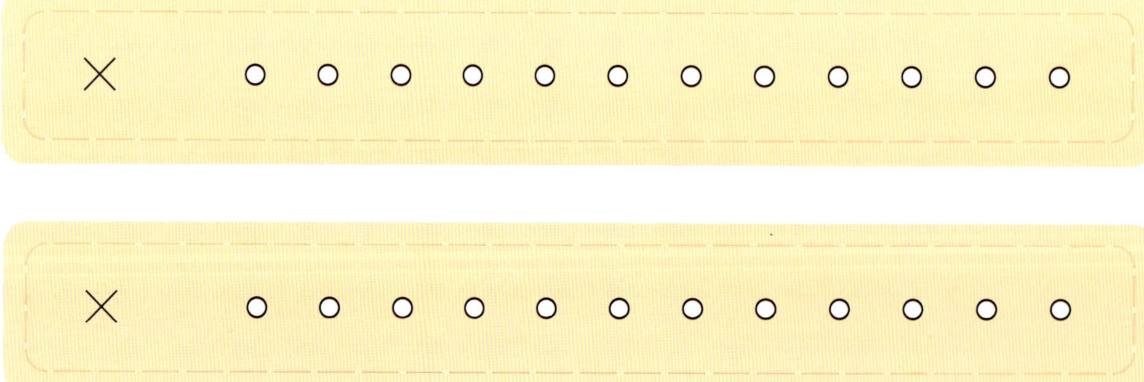